RECETAS CROCK POT

2022

LAS MEJORES RECETAS

PARA SORPRENDER A TUS AMIGOS Y TU FAMILIA

SANDRA GARCIA

Tabla de contenido

Sándwiches de ternera fáciles los domingos 10

Pizza del hombre perezoso 11

Tostada Francesa de Chocolate con Miel y Plátanos 13

Tostada francesa que se derrite en la boca 15

Yogur casero con croissants 18

Harina de avena cortada con arándanos y coco 20

Avena durante la noche con frutas secas 22

Pan de semilla de amapola naranja 23

Quiche de tocino y verduras 25

Avena Especiada con Nueces 28

Delicia familiar de jamón y queso 30

Pan de Halloween con arándanos 32

Budín de pan con higos secos 34

Budín de pan de manzana con especias 36

Avena de manzana de la abuela 38

Avena con chocolate para niños 40

Quinua de vainilla y arándanos 42

Quinoa Manzana Naranja 44

Cazuela de desayuno deliciosa fácil 45

Hash Browns estilo restaurante 47

Avena Cremosa de Coco con Semillas de Calabaza 49

Avena de vainilla y almendra 51

Delicioso desayuno de invierno 53

Cazuela de papas fritas con queso 55

Cazuela de tocino de Acción de Gracias 57

Tortilla especiada increíble 59

Tortilla occidental durante la noche 61

Cazuela De Verduras Y Jamón 63

Avena Cremosa con Bayas 65

Avena Vegana Cortada en Acero 67

Avena de calabaza cortada en acero 69

Cazuela de tostadas francesas que hacen agua la boca 71

Cazuela De Desayuno Tater Tot 73

Pan de suero de leche suave y delicioso 75

Delicioso pan de hierbas 77

Pan de salvado de arándanos y pasas 79

Hamburguesas descuidadas al estilo Joe 81

Granola de nuez con aceite de coco 83

Pan de maíz con chile con hierbas 85

Pan de plátano con sabor a caramelo 87

Pan de calabaza y almendras 89

Pan de romero con queso 91

Vegetariano Sloppy Joes 92

Sándwiches de carne de lujo 94

Los mejores sándwiches de carne 96

Sándwiches de pollo a la barbacoa 98

Sándwiches de cerdo picantes 100

Granola de verano con semillas 102

Granola de dátil fácil de hacer 104

Granola de arce y coco 106

Sándwiches de cerdo desmenuzado 108

Sándwiches de carne de invierno 110

Sándwiches de salchicha abundantes 112

Salchichas ahumadas campestres 114

Tacos de carne que debes comer 116

Avena con Ciruelas y Albaricoques 118

Muesli con Coco y Cacahuetes 120

Sándwiches de filete de queso 122

Brats de cerveza con champiñones y cebolla 124

Deliciosos sándwiches de salchicha y chucrut 126

Cazuela De Salchicha Navideña 128

Cazuela de salchicha durante la noche 130

Sándwiches de cerdo al amanecer 132

Sándwiches de Cerdo Extraído con Cerveza 134

Manzana crujiente de mamá 136

Quinua Vegetariana con Espinacas 138

Quinoa fácil con queso y verduras 140

Kale Frittata con Salchichas 142

Deliciosa frittata de fin de semana 144

Delicia de desayuno vegetariano 146

Frittata de tocino rica en proteínas 148

Tortilla De Champiñones Y Chile 150

Avena De Plátano Pecan 152

Avena abundante con nueces 154

Frittata de tomate y alcachofa 156

Cazuela De Tortilla De Champiñones Y Salchicha 158

Avena Cortada De Acero De Pastel De Calabaza 160

Avena cortada al cacao 162

Avena con nueces y calabaza con arándanos 164

Avena con Cacao y Plátanos 166

Quiche de Jamón y Queso 168

Desayuno de salchicha campestre y coliflor 170

Cazuela De Salchicha De Brócoli 172

Salchicha y verduras de la mañana de invierno 174

Huevos a la Florentina con Hongo Ostra 176

Frittata de plátano con nueces 180

Deliciosa Frittata De Calabaza Con Especias 182

Gachas de avena especiadas para mañanas ocupadas 184

Gachas de avena de invierno familiar 186

Increíble avena de manzana con ciruelas pasas 188

Avena tropical durante la noche 190

Muffins ingleses con adorno de tomate 192

Sémola Cremosa del Sur 194

Sémola de la abuela con queso parmesano 196

Súper cazuela de verduras y tocino 198

Deliciosas bayas de trigo 200

Desayuno de cereales multicereales 201

Cereal con Fruta y Mantequilla de Maní 202

Quiche de espinacas con queso 204

Crema de Brócoli y Coliflor 206

Sopa familiar de brócoli y espinacas 208

Deliciosa Crema de Sopa de Espárragos 210

Sopa Cremosa De Patatas De Coliflor 212

Crema de nabo.. 214

Sopa Fragante De Ajo Con Pan 216

Sopa De Aguacate Y Papa 218

Sopa De Salchicha De Verduras Y Queso... 219

Sándwiches de ternera fáciles los domingos

(Listo en aproximadamente 8 horas | Porciones 6)

Ingredientes

- 1 frasco de tu salsa de espagueti favorita
- 3 libras de carne asada
- 2 hojas de laurel
- 5-6 granos de pimienta
- 1 taza de caldo de res
- Mostaza para decorar
- Encurtidos para decorar

Direcciones

1. En su olla de barro, coloque todos los ingredientes. Cocine a fuego lento durante 8 horas.

2. Retire las hojas de laurel y los granos de pimienta y vierta sobre los muffins ingleses.

3. ¡Sirve con mostaza y encurtidos y disfruta!

Pizza del hombre perezoso

(Listo en aproximadamente 4 horas | Porciones 4)

Ingredientes

- 1 libra de hamburguesa, dorada y escurrida
- 1 libra de fideos, cocidos
- 2 tazas de queso mozzarella, rallado
- 2 pimientos morrones, en rodajas
- 1 cebolla picada
- 1 cucharadita de ajo granulado
- 1 lata de sopa de res
- 1 taza de champiñones, en rodajas
- 2 frascos de salsa para pizza
- 1/2 libra de pepperoni, en rodajas

Direcciones

1. En su olla de barro, alterne las capas con los ingredientes en el orden indicado anteriormente.

2. Cocine durante 4 horas a fuego lento; luego sirva.

Tostada Francesa de Chocolate con Miel y Plátanos

(Listo en aproximadamente 2 horas | Porciones 6)

Ingredientes

- 1 pan de molde grande, cortado en cubos
- 2 tazas de leche descremada
- 1/2 cucharadita de cardamomo
- 1/2 cucharadita de clavo molido
- 1 cucharadita de canela en polvo
- 1 cucharada de extracto de avellana
- 5 huevos de tamaño grande
- 2 cucharadas colmadas de crema de chocolate, y más para cubrir
- 1 cucharada de mantequilla sin sal
- 4 plátanos en rodajas
- 1 cucharada de miel

Direcciones

1. Pon los cubos de pan en tu olla de barro.

2. En un tazón grande, combine la leche, las especias, el extracto de avellana, los huevos y la crema de chocolate. Batir bien para combinar.

3. Vierta esta mezcla sobre los cubos de pan en la olla de barro para asegurarse de que el pan esté bien sumergido.

4. Cubra la olla de barro con una tapa y cocine a fuego alto aproximadamente 2 horas.

5. Calentar una cacerola y agregar la mantequilla. Agregue los plátanos y la miel a la mantequilla caliente y saltee de 3 a 4 minutos, volteando una vez.

6. ¡Divida las tostadas francesas de chocolate en seis platos para servir, agregue la mezcla de plátano y miel y disfrute con leche descremada!

Tostada francesa que se derrite en la boca

(Listo en aproximadamente 5 horas | Porciones 8)

Ingredientes

Para la tostada francesa:

- Pan de molde de 12 onzas de su elección
- 2 tazas de leche entera
- 3 huevos
- 1/2 taza de azúcar morena
- 1 cucharada de extracto de almendras
- 1/4 de cucharadita de nuez moscada molida
- 1/4 de cucharadita de pimienta gorda
- 1/4 de cucharadita de cúrcuma en polvo
- 1 cucharadita de canela en polvo
- 1 taza de almendras picadas en trozos grandes
- 3 cucharadas de mantequilla sin sal, derretida
- 2 plátanos en rodajas

Para la salsa:
- 1/2 taza de azúcar morena
- 1/2 taza de crema mitad y mitad
- 1/2 taza de mantequilla
- 2 cucharadas de sirope de maíz
- 1 cucharadita de extracto de almendras

Direcciones

1. Precaliente el horno a 300 grados F. Cubra una olla de barro con forro de vajilla desechable.

2. En una bandeja para hornear, coloque los cubos de pan en una sola capa. Hornea por unos 15 minutos o hasta que el pan esté dorado. Luego, vuelva a colocar los cubos de pan en la olla de barro preparada.

3. En un tazón grande, mezcle la leche entera, los huevos, el azúcar, el extracto de almendras, la nuez moscada, la pimienta de Jamaica, la cúrcuma y la canela. Vierta esta mezcla de especias sobre los cubos de pan en la olla de barro. Presione los cubos de pan con una cuchara para humedecerlos.

4. En una sartén pequeña antiadherente, tuesta las almendras durante unos minutos. Combine las almendras tostadas con la mantequilla derretida. Vierta esta mezcla sobre los ingredientes en la olla de barro.

5. Cubra y luego cocine a fuego lento durante aproximadamente 5 horas. Retire el forro de la vajilla y reserve las tostadas francesas.

6. A continuación, prepara la salsa. En una cacerola mediana, a fuego medio-alto, cocine los ingredientes para la salsa. Lleve a ebullición, baje el fuego a bajo y cocine por 3 minutos más.

7. Puede enfriar la salsa preparada a temperatura ambiente o ponerla en el refrigerador. Vierta la salsa sobre las tostadas francesas, cubra con rodajas de plátano y ¡disfrute!

Yogur casero con croissants

(Listo en aproximadamente 8 horas | Porciones 16)

Ingredientes

- 1/2 galón de leche descremada
- 1/2 taza de leche en polvo
- 1/4 taza de yogur natural con cultivos activos de yogur, a temperatura ambiente
- 16 croissants a elegir

Direcciones

1. En una cacerola, a fuego medio, combine la leche y la leche en polvo. Cocine, revolviendo constantemente, hasta que un termómetro de lectura instantánea registre aproximadamente 180 grados F.

2. A continuación, enfriar a temperatura ambiente.

3. En un tazón, combine 1 taza de la mezcla de leche tibia y el yogur natural. Batir hasta que quede suave. A continuación, vierta

lentamente la mezcla de leche y yogur en la cacerola, revolviendo constantemente.

4. Vierta la mezcla preparada en frascos para conservas y colóquelos en una olla de barro. Vierta suficiente agua tibia en la olla de barro. El agua debe llegar hasta la mitad de los lados de los frascos llenos.

5. Cocine a temperatura ALTA durante 5 minutos. Luego, deja reposar unas 4 horas, hasta que la mezcla esté espesa. Es importante encender la olla de barro a fuego alto durante 5 minutos, cada hora.

6. Enfríe el yogur al menos 4 horas o hasta que el yogur esté firme. Guárdalo en el frigorífico y sírvelo con tus croissants favoritos. ¡Disfrutar!

Harina de avena cortada con arándanos y coco

(Listo en aproximadamente 6 horas | Porciones 8)

Ingredientes

- 2 tazas de avena cortada en acero
- 4 tazas de agua
- 2 tazas de agua de coco
- 1/2 taza de almendras picadas
- 1 cucharada de azúcar morena
- 1/2 cucharadita de canela en polvo
- 1/2 cucharadita de sal
- 1/4 taza de arándanos secos
- 1/4 taza de albaricoques cortados
- Coco rallado para decorar

Direcciones

1. En una olla de barro, combine la avena, el agua, el agua de coco, las almendras, el azúcar, la canela y la sal. Cubrir; cocine a fuego lento aproximadamente 6 horas.

2. Cubra cada porción con arándanos, albaricoques y coco y sirva caliente.

Avena durante la noche con frutas secas

(Listo en aproximadamente 6 horas | Porciones 8)

Ingredientes

- 2 tazas de avena cortada en acero
- 1 taza de pasas
- 1 taza de cerezas secas
- 1 taza de higos secos
- 8 tazas de agua
- 1 taza mitad y mitad

Direcciones

1. En una olla de barro, ponga todos los ingredientes.
2. Ponga la olla de barro a fuego lento y cubra con una tapa.
3. Cocine durante la noche o de 8 a 9 horas.

Pan de semilla de amapola naranja

(Listo en aproximadamente 2 horas | Porciones 12)

Ingredientes

- Aceite en aerosol antiadherente
- 1/4 taza de semillas de amapola
- 2 tazas de harina, para todo uso a elección
- 1 cucharada de bicarbonato de sodio
- 1 cucharada de miel
- 3/4 taza de azúcar morena
- 1/2 cucharadita de sal kosher
- 3 huevos de tamaño grande
- 1/2 taza de aceite de canola
- 1/2 taza de crema agria
- 1/4 taza de leche entera
- 1 cucharadita de ralladura de naranja
- 1/4 taza de jugo de naranja natural
- 1 cucharadita de extracto de vainilla

Direcciones

1. Cubre una olla de barro con aceite en aerosol antiadherente.

2. En un tazón, mezcle las semillas de amapola, la harina y el bicarbonato de sodio, y reserve.

3. En otro tazón, combine la miel, el azúcar, la sal, los huevos, el aceite de canola, la crema agria, la leche entera, la ralladura de naranja, el jugo de naranja y 1 cucharadita de extracto de vainilla. Agregue esta mezcla de naranja a la mezcla de semillas de amapola. Revuelva para combinar y coloque en la olla de barro preparada.

4. Cubra y cocine a fuego alto durante aproximadamente 2 horas.

5. Deja enfriar completamente antes de servir y disfruta con jugo de naranja recién exprimido.

Quiche de tocino y verduras

(Listo en aproximadamente 5 horas | Porciones 6)

Ingredientes

- Forro desechable para olla de cocción lenta
- 4 rebanadas de tocino
- 1 cucharada de aceite de oliva
- 1 pimiento rojo picado
- 1 pimiento verde picado
- 2 tazas de champiñones picados
- 1 taza de espinaca
- 1 ½ tazas de queso suizo, rallado
- 2 tazas de leche entera
- 8 huevos de tamaño grande
- 1 cucharadita de ajo granulado
- 1 cucharada de albahaca fresca
- 1 cucharadita de sal marina fina

- 1/4 cucharadita de pimienta de cayena
- 1/4 cucharadita de pimienta negra molida
- 1/2 taza de mezcla para galletas

Direcciones

1. Cubra su olla de barro con forro desechable para olla de cocción lenta.

2. En una cacerola, fríe las rodajas de tocino hasta que estén crujientes; escurrir y desmenuzar.

3. En la misma cacerola, caliente el aceite de oliva a fuego medio-bajo. Saltee el pimiento morrón y los champiñones hasta que estén tiernos. Agregue las espinacas y el queso suizo.

4. En un tazón, combine la leche, los huevos, el ajo granulado, la albahaca, la sal, la pimienta de cayena y la pimienta negra. Agregue esta mezcla a la mezcla de champiñones en la cacerola.

5. Luego, agregue la mezcla para galletas. Reemplace la mezcla preparada de la cacerola a la olla de barro. Esparcir el tocino desmenuzado encima.

6. Cubra con una tapa; cocine a fuego lento durante 5 horas. Deje enfriar un poco antes de servir, divida en platos para servir y ¡disfrútelo!

Avena Especiada con Nueces

(Listo en aproximadamente 8 horas | Porciones 4)

Ingredientes

- 1 taza de avena cortada en acero
- 1 cucharada de mantequilla
- 1/4 de cucharadita de cúrcuma en polvo
- 1/2 cucharadita de pimienta gorda
- 2 cucharadas de sirope de arce
- 1 taza de higos secos
- 1 taza de orejones
- 2 tazas de agua
- 2 tazas de agua de coco
- 1/2 taza mitad y mitad
- 1/2 cucharadita de sal marina

Direcciones

1. Combine todos los ingredientes en su olla de barro.

2. Cubra la olla de barro con una tapa. Cocine 8 horas a fuego lento o 4 horas a fuego alto.

3. ¡Sirva con nueces picadas de su elección!

Delicia familiar de jamón y queso

(Listo en aproximadamente 4 horas | Porciones 6)

Ingredientes

- Aceite en aerosol antiadherente
- 1 taza de leche entera
- 2 tazas de crema ligera
- 4 huevos
- 1 pimiento rojo picado
- 1 pimiento amarillo picado
- 1 cebolla finamente picada
- 1 cucharadita de albahaca seca
- 1/4 de cucharadita de cúrcuma en polvo
- 1 cucharadita de tomillo seco, triturado
- 1/2 pimienta de cayena
- 1/4 cucharadita de pimienta negra molida
- 6 tazas de cubitos de pan tostado

- 1 taza de jamón cocido, picado
- 1/2 taza de queso duro, cortado en cubos
- 1/3 taza de tomates secos

Direcciones

1. Engrase ligeramente una olla de barro con aceite en aerosol.

2. En un tazón, mezcle la leche, la crema ligera y los huevos. Agregue el pimiento rojo, el pimiento amarillo, la cebolla, la albahaca, la cúrcuma, el tomillo, la pimienta de cayena y la pimienta negra molida.

3. A continuación, agregue los cubitos de pan, el jamón, el queso y los tomates. Agregue la mezcla a la olla de barro.

4. Cocine a fuego lento durante aproximadamente 4 horas o hasta que un palillo (cuchillo) insertado en el centro salga limpio. ¡Disfrutar!

Pan de Halloween con arándanos

(Listo en aproximadamente 2 horas | Porciones 8)

Ingredientes

- Aceite en aerosol antiadherente
- 3/4 taza de calabaza enlatada
- 1/2 taza mitad y mitad
- 2 cucharadas de azúcar
- 1 cucharadita de canela en polvo
- 1/4 de cucharadita de cardamomo
- 1/4 de cucharadita de pimienta gorda
- 2 tazas de harina para todo uso
- 1 cucharadita de bicarbonato de sodio
- 1 cucharadita de levadura en polvo
- 1/2 cucharadita de sal
- 1/4 taza de mantequilla sin sal, en cubos

- 1/2 taza de arándanos

- 1/2 taza de sirope de arce

- 2 cucharadas de mantequilla derretida

- 1/2 taza de nueces picadas, tostadas

Direcciones

1. Engrasa tu olla de barro con aceite en aerosol antiadherente.

2. En un tazón, combine la calabaza con mitad y mitad, azúcar y especias.

3. En un tazón grande, mezcle las 2 tazas de harina, el bicarbonato de sodio, el polvo de hornear y la sal. A continuación, corte la mantequilla fría. Agregue la mezcla de calabaza a la mezcla de harina preparada. Revuelva suavemente para combinar.

4. Incorpora los arándanos rojos a la masa.

5. Vierta la mezcla en su olla de barro. Vierta el jarabe de arce y la mantequilla derretida sobre la masa. Luego, esparce las nueces por encima.

6. Cocine a fuego alto durante aproximadamente 2 horas. Sirva caliente.

Budín de pan con higos secos

(Listo en aproximadamente 3 horas | Porciones 6)

Ingredientes

- 8 tazas de cubitos de pan a elección
- 1/2 taza de higos secos, picados
- 4 huevos medianos
- 2 tazas de leche entera
- 1/4 taza de mantequilla derretida
- 1 cucharadita de miel
- 1/4 taza de azúcar morena
- 1/4 de cucharadita de extracto de menta
- 1/4 de cucharadita de canela en polvo

Direcciones

1. Coloque los cubos de pan preparados junto con los higos secos en una olla de barro.

2. En un tazón grande, mezcle los huevos, la leche, la mantequilla, la miel, el azúcar morena, el extracto de menta y la canela. Vierta esta mezcla en la olla de barro. Mezcle para cubrir.

3. Cocine a fuego lento unas 3 horas.

Budín de pan de manzana con especias

(Listo en aproximadamente 3 horas | Porciones 8)

Ingredientes

- 4 manzanas medianas, sin corazón y picadas
- 3 tazas de pan en cubos
- 3 huevos de tamaño grande
- 3/4 taza de azúcar morena compacta
- 1/4 de cucharadita de pimienta gorda
- 1/2 cucharadita de clavo molido
- 1 cucharadita de canela en polvo
- 1 cucharadita de nuez moscada
- 2 (12 onzas líquidas) latas de leche evaporada

Direcciones

1. Coloque las manzanas y los cubos de pan en una olla de barro.

2. En un bol, bata los huevos hasta que estén espumosos. Agregue los ingredientes restantes y mezcle para combinar.

3. Vierta la mezcla de huevo preparada sobre las manzanas y el pan en la olla de barro.

4. Cocine a fuego alto durante 4 horas o hasta que se forme crema pastelera.

Avena de manzana de la abuela

(Listo en aproximadamente 6 horas | Porciones 8)

Ingredientes

- Margarina, derretida

- 8 tazas de agua

- 4 tazas de puré de manzana sin azúcar

- 1 1/2 tazas de avena cortada en acero

- 2 manzanas medianas, cortadas en cubitos

- Nuez moscada rallada al gusto

- Cardamomo al gusto

- Canela molida al gusto

- 2 cucharadas de miel

Direcciones

1. Engrase ligeramente su olla de barro con margarina.

2. Combine el resto de los ingredientes en un tazón grande para mezclar. Vierta esta mezcla en la olla de barro.

3. Cocine a fuego lento durante al menos 6 horas.

Avena con chocolate para niños

(Listo en aproximadamente 6 horas | Porciones 10)

Ingredientes

- Aceite en aerosol antiadherente
- 10 tazas de agua
- 6 plátanos, triturados
- 2 cucharadas de semillas de chía
- 7-8 dátiles secos
- 2 tazas de avena cortada en acero
- 1 cucharadita de canela en polvo
- 1/2 taza de cacao en polvo sin azúcar

Direcciones

1. Engrase ligeramente una olla de barro con aceite en aerosol.

2. Mezcle los ingredientes restantes en una olla de barro preparada.

3. Cocine a fuego lento aproximadamente 6 horas.

Quinua de vainilla y arándanos

(Listo en aproximadamente 6 horas | Porciones 6)

Ingredientes

- 4 tazas de leche de almendras con sabor a vainilla
- 4 tazas de agua
- 2 tazas de quinua
- 2 tazas de arándanos
- 1/4 de cucharadita de nuez moscada rallada
- 1/4 de cucharadita de canela en polvo
- 1/3 taza de semillas de lino
- 1/3 taza de azúcar morena

Direcciones

1. Revuelva todos los ingredientes en una olla de barro.

2. Cubra con una tapa; cocine a temperatura baja durante 8 horas o toda la noche.

Quinoa Manzana Naranja

(Listo en aproximadamente 8 horas | Porciones 6)

Ingredientes

- 2 tazas de agua
- 1 taza de quinua
- 1 cucharada de jugo de naranja natural
- 2 tazas de jugo de manzana
- 1 cucharada de semillas de chía
- 1 cucharadita de canela en polvo
- 1/4 de cucharadita de nuez moscada rallada
- 1 taza de pasas
- 1 cucharadita de extracto de vainilla

Direcciones

1. Combine todos los ingredientes en su olla de barro.
2. Cubra con una tapa; cocine a fuego lento de 6 a 8 horas.

Cazuela de desayuno deliciosa fácil

(Listo en aproximadamente 12 horas | Porciones 8)

Ingredientes

- 1 bolsa (32 onzas) de croquetas de patata, congeladas
- 2 zanahorias, en rodajas finas
- 1 cebolla amarilla picada
- 3 dientes de ajo picados
- 1 libra de jamón cocido
- 2 tazas de queso cheddar, rallado
- 8 huevos
- 1 taza de leche entera
- 1 cucharadita de sal marina
- 1/4 cucharadita de pimienta negra molida
- 1/4 cucharadita de pimiento rojo triturado

Direcciones

1. En una olla de barro, alternar las capas de la siguiente manera: 1/2 de las croquetas de patata, 1/2 de las zanahorias, 1/2 de las cebollas, 1/2 del ajo, 1/2 del jamón cocido y 1/2 del queso cheddar. Repite una vez más.

2. En un tazón, bata los huevos; luego agregue los ingredientes restantes.

3. Vierta esta mezcla en la olla de cocción lenta; cubrir; cocine a fuego lento durante 10 a 12 horas.

Hash Browns estilo restaurante

(Listo en aproximadamente 8 horas | Porciones 10)

Ingredientes

- 1 bolsa (32 onzas) de papas picadas
- 1 libra de tocino de pavo, cocido
- 1 chile jalapeño, picado
- 3 dientes de ajo machacados
- 1 taza de cebolletas, cortadas en cubitos
- 1 taza de queso cheddar
- 1 taza de leche entera
- 12 huevos
- 1 cucharadita de sal
- 1/2 cucharadita de pimienta negra molida
- 1 cucharadita de tomillo seco

Direcciones

1. En su olla de barro, alterne las capas de la siguiente manera: 1/2 de papas fritas, 1/2 de tocino, 1/2 de chile jalapeño, 1/2 de ajo, 1/2 de cebollas, 1/2 de queso.

2. A continuación, agregue las siguientes capas: 1/2 de papas fritas, 1/2 de tocino, 1/2 de chile jalapeño, 1/2 de ajo, 1/2 de cebolla, 1/2 de queso.

3. En un tazón, combine la leche, el huevo, la sal, la pimienta negra y el tomillo. Vierta esta mezcla en la olla de barro.

4. Cocine a fuego lento durante 8 horas o durante la noche.

Avena Cremosa de Coco con Semillas de Calabaza

(Listo en aproximadamente 8 horas | Porciones 12)

Ingredientes

- 4 tazas de avena cortada en acero
- 2 latas de leche de coco
- 10 tazas de agua
- 1/4 de cucharadita de cardamomo
- 1/2 cucharadita de canela en polvo
- 1 cucharadita de extracto de almendras
- 3 cucharadas de azúcar de coco
- 1/2 taza de hojuelas de coco, para decorar
- Semillas de calabaza para decorar

Direcciones

1. En su olla de barro, coloque la avena, la leche de coco, el agua, el cardamomo, la canela, el extracto de almendras y el azúcar de coco.

2. Baje a fuego lento y cocine durante aproximadamente 8 horas, o hasta que esté cremoso.

3. ¡Decore con hojuelas de coco y semillas de calabaza!

Avena de vainilla y almendra

(Listo en aproximadamente 8 horas | Porciones 12)

Ingredientes

- 2 tazas de leche de almendras con sabor a vainilla
- 2 tazas de avena cortada en acero
- 8 tazas de agua
- 1 cucharadita de canela en polvo
- 1/2 cucharadita de nuez moscada rallada
- 1/4 de cucharadita de clavo molido
- 1 cucharadita de extracto de vainilla
- 3 cucharadas de sirope de arce
- Pasas para decorar
- Semillas de chía para decorar

Direcciones

1. En su olla de barro, coloque la leche de almendras, la avena cortada en acero, el agua, la canela, la nuez moscada, el clavo, el extracto de vainilla y el jarabe de arce.

2. Ponga la olla de barro a fuego lento y cocine la avena durante aproximadamente 8 horas.

3. ¡Decora con pasas y semillas de chía y disfruta!

Delicioso desayuno de invierno

(Listo en aproximadamente 8 horas | Porciones 12)

Ingredientes

- Aceite en aerosol antiadherente
- 1 paquete (26 onzas) de papas picadas
- 2 tazas de salchichas
- 2 tazas de queso cheddar, rallado
- 10 huevos
- 1 taza de leche
- 1/2 cucharadita de estragón seco
- 1 cucharada de ajo granulado
- 1/4 cucharadita de pimienta negra molida
- 1 cucharadita de sal

Direcciones

1. Engrase su olla de barro con aceite en aerosol. Coloque las papas hash brown en el fondo de la olla de barro.

2. Caliente una sartén de hierro fundido a fuego medio-alto. Luego, cocine las salchichas hasta que se doren, aproximadamente 6 minutos. Luego, esparza la salchicha cocida sobre las papas hash brown.

3. Coloque el queso rallado encima.

4. En un tazón grande, bata los huevos con la leche hasta que estén espumosos. Agregue las especias y bata para combinar. Vierta esta mezcla sobre las capas en la olla de barro.

5. Cocine de 6 a 8 horas a fuego lento. ¡Servir caliente!

Cazuela de papas fritas con queso

(Listo en aproximadamente 8 horas | Porciones 6)

Ingredientes

- 4 salchichas Bratwurst, cocidas
- 2 tazas de papas hash brown
- 1 taza de queso picante, rallado
- 1 taza de leche entera
- 4 huevos de tamaño grande
- 1 cucharada de ajo granulado
- 1/4 cucharadita de pimienta negra molida
- 1 cucharadita de sal
- 1 cucharadita de mostaza seca

Direcciones

1. En una cacerola, cocine las salchichas hasta que ya no estén rosadas. Coloque las papas hash brown en una olla de barro.

2. Transforme las salchichas cocidas en la olla de barro junto con su grasa. Coloque queso fuerte encima.

3. En un tazón, combine el resto de ingredientes. Vierta esta mezcla de huevo en la olla de barro.

4. Cocine a fuego lento durante aproximadamente 8 horas o durante la noche. Sirve con mostaza y crema agria.

Cazuela de tocino de Acción de Gracias

(Listo en aproximadamente 10 horas | Porciones 10)

Ingredientes

- 1 cucharada de aceite de oliva
- 1 taza de cebollas verdes picadas
- 1 pimiento verde, en rodajas finas
- 1 pimiento rojo, en rodajas finas
- 2 dientes de ajo picados
- 2 libras de papas hash brown, congeladas y descongeladas
- 8 rebanadas de tocino de pavo, cocidas
- 1 1/2 tazas de gouda, rallado
- 10 huevos de tamaño grande
- 1 taza de leche
- 1/4 cucharadita de pimienta de cayena
- 1 cucharadita de sal marina
- 1/4 cucharadita de pimienta negra molida

- 1 cucharada colmada de perejil fresco

- 1/4 taza de cebollino

Direcciones

1. En una sartén de hierro fundido, caliente el aceite de oliva a fuego medio. Saltee las cebollas verdes, los pimientos morrones y el ajo hasta que las cebollas verdes se ablanden. Agregue las papas hash brown y cocine por 2 minutos más.

2. Coloque la mitad de la mezcla de cebolla y papa en su olla de barro; luego, coloque la mitad del tocino cocido y cubra con la mitad del queso Gouda rallado.

3. Repita las capas de la misma manera.

4. Batir los huevos junto con los ingredientes restantes; vierta esta mezcla de huevo sobre la capa de queso en la olla de barro.

5. Cocine a fuego lento, de 8 a 10 horas.

Tortilla especiada increíble

(Listo en aproximadamente 2 horas | Porciones 4)

Ingredientes

- 6 huevos
- 1/2 taza de leche entera
- 1 cucharadita de sal marina
- 1/4 de cucharadita de pimienta negra recién molida
- 1 cucharadita de albahaca seca
- 1 cucharadita de orégano seco
- 1 cucharadita de tomillo seco
- 1/4 de cucharadita de chile en polvo
- 1 cabeza pequeña de coliflor, partida en floretes
- 1 cebolla morada mediana, picada
- 1 diente de ajo picado
- 1 taza de queso cheddar, rallado
- Cebollino para decorar

- Aceitunas para decorar

Direcciones

1. Engrase ligeramente el interior de su olla de barro.

2. En un tazón o una taza medidora, bata los huevos, la leche y las especias. Mezclar hasta que todo esté bien combinado.

3. Agregue los floretes de coliflor, las cebollas y el ajo a la olla de barro. Agrega la mezcla de huevo con especias.

4. Cubrir; luego, cocine a fuego alto aproximadamente 2 horas, o hasta que los huevos estén listos.

5. Esparcir queso rallado encima y tapar; déjelo reposar hasta que el queso cheddar se derrita.

6. Dividir la tortilla en gajos, decorar con cebollino y aceitunas y servir.

Tortilla occidental durante la noche

(Listo en aproximadamente 12 horas | Porciones 12)

Ingredientes

- 2 libras de papas hash brown
- 1 taza de espinaca
- 1 libra de jamón cocido, rebanado
- 2 dientes de ajo picados
- 1 cebolla amarilla, cortada en cubitos
- 1 pimiento morrón rojo, sin semillas y cortado en cubitos
- 1 taza de queso Gouda, rallado
- 10 huevos
- 1 ½ taza de leche
- 1 cucharadita de sal marina
- 1/4 de cucharadita de pimienta negra recién molida
- 1/4 de cucharadita de chile en polvo

Direcciones

1. Engrase ligeramente su olla de barro con aceite en aerosol antiadherente.

2. Capas alternas en su olla de barro. Coloque 1/3 de las papas hash brown; coloque 1/3 de las espinacas; luego coloque 1/3 de jamón cocido, 1/3 de ajo, 1/3 de cebolla y 1/3 de pimiento morrón.

3. Cubra con queso Gouda rallado; repita las mismas capas dos veces más.

4. En un tazón grande, mezcle los ingredientes restantes. Vierta en la olla de barro.

5. Cubra con una tapa; cocine a fuego lento durante 10 a 12 horas. Sirve con pan tostado y mostaza.

Cazuela De Verduras Y Jamón

(Listo en aproximadamente 8 horas | Porciones 4)

Ingredientes

- 1/4 taza de aceite de oliva extra virgen
- 1 chirivía, pelada y picada
- 1 nabo, pelado y picado
- 2 dientes de ajo picados
- 1 taza de jamón cocido y cortado en cubitos
- 3/4 taza de leche entera
- 4 huevos de tamaño grande
- 1/4 de cucharadita de cúrcuma
- 1/2 cucharadita de romero
- 1/4 de cucharadita de tomillo seco
- 1 cucharada colmada de perejil fresco
- Crutones para decorar

Direcciones

1. En su olla de barro, combine los primeros cuatro ingredientes. Cubra con jamón.

2. En un tazón, mezcle la leche, los huevos y las especias. Vierta sobre las verduras y el jamón en la olla de barro.

3. Cocine a fuego lento durante 6 a 8 horas. Sirve con picatostes.

Avena Cremosa con Bayas

(Listo en aproximadamente 8 horas | Porciones 4)

Ingredientes

- 1 taza de avena
- 1/2 cucharadita de pimienta gorda
- 2 tazas de agua
- 1 taza de agua de coco
- 1 pizca de nuez moscada rallada
- 1 pizca de canela molida
- 1 pizca de sal
- 1 taza de crema media y media
- 1/4 taza de azúcar morena
- Bayas de elección, para decorar

Direcciones

1. Simplemente coloque todos los ingredientes juntos (excepto las bayas) en su olla de barro, justo antes de irse a la cama.

2. Coloque la olla de barro a fuego lento y cocine durante la noche.

3. ¡Sirva con sus bayas favoritas o bayas mixtas y disfrute caliente!

Avena Vegana Cortada en Acero

(Listo en aproximadamente 3 horas | Porciones 6)

Ingredientes

- 2 plátanos, triturados
- 1 taza de agua de coco
- 4 tazas de agua, divididas
- 1 taza de avena cortada en acero
- 1/4 taza de higos secos
- 1/4 taza de arándanos secos
- 1 cucharadita de extracto de vainilla
- 1/2 cucharadita de cardamomo
- 1/2 cucharadita de canela en polvo
- Azúcar de coco al gusto

Direcciones

1. Haz puré de plátanos en tu licuadora; luego transfiera los plátanos triturados a una olla de barro.

2. Agrega los ingredientes restantes.

3. Cocine a fuego medio durante 3 horas. Recuerda revolver cada 30 minutos.

4. ¡Sirva con fruta adicional si lo desea y disfrútelo!

Avena de calabaza cortada en acero

(Listo en aproximadamente 6 horas | Porciones 6)

Ingredientes

- Aceite en aerosol antiadherente
- 6 tazas de agua
- 1 ½ tazas de avena cortada en acero
- 1/2 taza de azúcar morena
- 1 lata (15 onzas) de puré de calabaza
- 1 cucharadita de extracto de vainilla
- 1 cucharadita de cardamomo
- 1 cucharada de especias para pastel de calabaza
- 1 cucharadita de canela en polvo

Direcciones

1. Engrasa tu olla de barro con aceite en aerosol.

2. Coloque todos los ingredientes.

3. Cocine a fuego lento durante 6 horas. Dividir en seis tazones para servir, espolvorear con semillas de calabaza y servir.

Cazuela de tostadas francesas que hacen agua la boca

(Listo en aproximadamente 5 horas | Porciones 8)

Ingredientes

- 2 hogazas de pan, cortadas en cubos del tamaño de un bocado
- 1 cucharadita de ralladura de limón
- 6 huevos de tamaño grande
- 1 ½ tazas de leche
- 1 cucharadita de extracto puro de almendras
- 1 taza mitad y mitad
- 1/4 de cucharadita de nuez moscada rallada
- 1/4 de cucharadita de clavo molido
- 1 cucharadita de canela en polvo
- 1 taza de azúcar morena
- 3 cucharadas de mantequilla derretida
- 2 tazas de almendras picadas

Direcciones

1. Engrase una olla de barro con spray antiadherente o con mantequilla derretida.

2. Precaliente el horno a 225 grados F. Coloque los cubos de pan preparados en una bandeja para hornear galletas y hornee por unos 30 minutos, o hasta que los cubos de pan se sequen.

3. Coloca los cubos de pan en el fondo de tu olla de barro.

4. Mezcle la ralladura de limón, los huevos, la leche, el extracto de almendras, la mitad y la mitad, la nuez moscada, el clavo y la canela. Vierta esta mezcla sobre los cubos de pan en la olla de barro.

5. En un tazón pequeño aparte, combine el azúcar morena, la mantequilla y las almendras. Agregue su olla de barro.

6. Ponga la olla de barro a fuego lento; tape y cocine aproximadamente 5 horas.

7. Sirva con frutas y sirope de arce si lo desea.

Cazuela De Desayuno Tater Tot

(Listo en aproximadamente 8 horas | Porciones 8)

Ingredientes

- 1 paquete (30 onzas) de tater tots
- 1 taza de tocino
- 1 taza de cebollas verdes picadas
- 2 tazas de queso picante, rallado
- 12 huevos
- 1 taza de leche entera
- 3 cucharadas de harina para todo uso
- 1/4 cucharadita de pimienta negra molida
- 1/4 cucharadita de pimienta de cayena
- 1 cucharadita de sal kosher

Direcciones

1. En una olla de barro engrasada, coloque 1/3 de los tater tots, luego, 1/3 del tocino, 1/3 de las cebollas verdes y finalmente, agregue 1/3 de los quesos rallados. Repite estas capas dos veces más, terminando con el queso.

2. En un tazón grande, mezcle el resto de los ingredientes; agregar a la olla de barro.

3. Cubra la olla de barro y déjela a fuego lento; luego, cocine de 6 a 8 horas.

Pan de suero de leche suave y delicioso

(Listo en aproximadamente 3 horas | Porciones 8)

Ingredientes

- 1 ½ tazas de harina para todo uso
- 1 cucharadita de bicarbonato de sodio
- 1 cucharadita de levadura en polvo
- Una pizca de sal
- 4 cucharadas de mantequilla, cortada en trozos
- Una pizca de nuez moscada rallada
- 3/4 taza de suero de leche

Direcciones

1. En un tazón grande para mezclar, combine la harina para todo uso, el bicarbonato de sodio, el polvo de hornear y la sal; cortar en mantequilla hasta que esta mezcla se asemeje a pequeñas migas.

2. Agregue la nuez moscada rallada y el suero de leche.

3. Amasar la masa y luego colocarla en un molde desmontable engrasado.

4. Coloque sobre una rejilla; tape y cocine a fuego alto durante aproximadamente 2 ½ horas. Sirve con leche.

Delicioso pan de hierbas

(Listo en aproximadamente 3 horas | Porciones 8)

Ingredientes

- 1 ½ tazas de harina para todo uso
- 1 cucharadita de levadura en polvo
- 1 cucharadita de bicarbonato de sodio
- 1 cucharadita de eneldo seco
- 1 cucharadita de pimienta negra molida
- 1 cucharada de cebollino seco
- Una pizca de sal
- 4 cucharadas de margarina fría, cortada en trozos
- 3/4 taza de suero de leche

Direcciones

1. En un tazón, combine los primeros siete ingredientes. Luego, corte la margarina fría hasta que la mezcla se asemeje a pequeñas migas.

2. Agregue el suero de leche y vuelva a colocar la masa sobre la superficie enharinada.

3. Amasa tu masa durante unos 3 minutos.

4. Coloque en una rejilla y hornee a temperatura alta durante aproximadamente 2 horas. Sirve caliente y disfruta con queso.

Pan de salvado de arándanos y pasas

(Listo en aproximadamente 3 horas | Porciones 16)

Ingredientes

- 1/2 taza de harina integral
- 1 ½ tazas de harina para todo uso
- 1 cucharadita de levadura en polvo
- 1 cucharadita de bicarbonato de sodio
- 1 cucharadita de especias para pastel de calabaza
- 1 cucharadita de pimienta gorda
- 1/4 de cucharadita de nuez moscada rallada
- 1/2 cucharadita de sal
- 1 ½ tazas de hojuelas de cereal de salvado integral
- 2 tazas de suero de leche
- 1/4 taza de jarabe de arce
- 3 cucharadas de mantequilla derretida
- 2 huevos

- 1/2 taza de arándanos secos, picados en trozos grandes

- 1/2 taza de pasas, picadas en trozos grandes

- 1/4 taza de nueces, picadas

- 1/4 de nueces picadas

Direcciones

1. En un tazón grande para mezclar, combine los primeros nueve ingredientes hasta que todo esté bien combinado.

2. Luego, agregue suero de leche, jarabe de arce, mantequilla, huevos; revuelve para combinar.

3. Incorpore suavemente los arándanos, las pasas, las nueces y las nueces.

4. Vierta la masa preparada en un molde para pan engrasado y enharinado.

5. Hornee a temperatura alta durante aproximadamente 3 horas, o hasta que un palillo (o un cuchillo) insertado en el centro de su pan salga limpio.

6. ¡Sirve con mermelada de frutas o miel!

Hamburguesas descuidadas al estilo Joe

(Listo en aproximadamente 3 horas | Porciones 12)

Ingredientes

- 2 libras de carne de res magra, molida
- 1 cebolla amarilla finamente picada
- 1 calabacín picado
- 1 pimiento amarillo picado
- 1 pimiento rojo picado
- 1 taza de champiñones, rebanados
- 1/2 taza de tocino frito, desmenuzado
- 1 cucharadita de ajo en polvo
- 1/2 cucharadita de chile en polvo
- 3/4 taza de pasta de tomate
- 1 taza de queso bajo en grasa, cortado en cubos
- 2 hojas de laurel
- 1 cucharadita de sal marina

- 1/4 cucharadita de pimienta negra molida

- 12 bollos de hamburguesa

Direcciones

1. En una cacerola grande o un wok, a fuego medio, cocine la carne molida con cebolla, calabacín y pimientos morrones. Cocine hasta que la carne molida esté dorada.

2. Agregue a la olla de cocción lenta y luego agregue los ingredientes restantes (excepto los bollos).

3. Cocine a fuego lento durante 2 a 3 horas. Sirva en panecillos para hamburguesas y agregue encurtidos si lo desea.

Granola de nuez con aceite de coco

(Listo en aproximadamente 2 horas 30 minutos | Porciones 12)

Ingredientes

- Spray para cocinar
- 4 tazas de copos de avena, a la antigua
- 1 taza de almendras picadas
- 1/2 taza de nueces, picadas
- 1/2 cucharadita de pimienta gorda
- 1 cucharadita de canela
- Una pizca de sal
- 1/2 taza de sirope de arce
- 1/2 taza de aceite de coco derretido
- 1/4 taza de azúcar morena
- 1 cucharadita de extracto puro de almendras

Direcciones

1. Engrase su olla de barro con aceite en aerosol. Agrega los copos de avena y reserva.

2. Agrega las almendras y las nueces.

3. En un tazón, mezcle los ingredientes restantes.

4. Vierta esta mezcla sobre la avena y las nueces en la olla de barro.

5. Cocine aproximadamente 2 horas a fuego lento, revolviendo cada 30 minutos.

6. Extienda la granola preparada en una hoja de papel de aluminio y déjela enfriar.

Pan de maíz con chile con hierbas

(Listo en aproximadamente 2 horas | Porciones 8)

Ingredientes

- 3/4 taza de harina para todo uso
- 1/4 taza de harina de maíz
- 1 cucharada de azucar
- 1 cucharadita de bicarbonato de sodio
- 1 cucharadita de levadura en polvo
- 1 cucharadita de albahaca seca
- 1 cucharadita de comino molido
- 1/2 cucharadita de orégano seco
- 1/2 cucharadita de sal
- 1 huevo grande, batido
- 1/2 taza de suero de leche
- 1/4 de chile poblano, cocido y picado
- 1/4 taza de maíz en grano entero

Direcciones

1. Combine los primeros diez ingredientes en un tazón grande para mezclar.

2. Agrega el suero de leche, el poblano y el elote y revuelve. Revuelva bien para combinar.

3. Transfiera la masa a un molde para hornear engrasado y enharinado.

4. Luego, coloque esta bandeja para hornear en una rejilla en su olla de barro. Cubrir; cocine a fuego alto aproximadamente 2 horas.

5. Deje enfriar durante unos 10 minutos antes de servir.

Pan de plátano con sabor a caramelo

(Listo en aproximadamente 2 horas | Porciones 8)

Ingredientes

- 4 cucharadas de mantequilla derretida
- 1/4 taza de puré de manzana
- 2 huevos medianos
- 1 cucharada de agua
- 1 cucharada de leche
- 3/4 taza de azúcar morena
- 3 plátanos maduros, triturados
- 1 ¾ tazas de harina para todo uso
- 1 cucharadita de levadura en polvo
- 1 cucharadita de bicarbonato de sodio
- 1/4 de cucharadita de sal.
- 1/4 de taza de almendras picadas en trozos grandes

Direcciones

1. En un tazón, bata la mantequilla, el puré de manzana, los huevos, el agua, la leche y el azúcar morena hasta que quede cremoso y uniforme.

2. Agregue puré de plátanos, harina, polvo de hornear, bicarbonato de sodio y sal. Agrega las almendras.

3. Vierta la masa en un molde para pan adecuado.

4. Cocine a fuego alto durante aproximadamente 3 horas hasta que un palillo (o un cuchillo) insertado en el centro de su pan de plátano salga limpio.

5. Retire el pan de plátano del molde para pan y deje enfriar a temperatura ambiente.

Pan de calabaza y almendras

(Listo en aproximadamente 3 horas 30 minutos | Porciones 16)

Ingredientes

- 1 taza de calabaza enlatada
- 4 cucharadas de margarina derretida
- 1/2 taza de azúcar granulada
- 2 huevos medianos, batidos
- 1/2 taza de leche
- 2 tazas de harina para todo uso
- 1 cucharadita de levadura en polvo
- 1 cucharadita de bicarbonato de sodio
- 1/4 de cucharadita de nuez moscada rallada
- 1 cucharadita de especias para pastel de calabaza
- Una pizca de sal
- 1/2 taza de almendras tostadas y picadas

Direcciones

1. En un tazón grande, combine la calabaza con la margarina y el azúcar hasta que esté bien mezclado; agregue los huevos y la leche.

2. Agregue la harina, el polvo de hornear, el bicarbonato de sodio, la nuez moscada, las especias para pastel de calabaza y la sal; mezcle las almendras picadas.

3. Vierta la masa en un molde para pan y colóquela en su olla de barro. Cocine a fuego alto unas 3 ½ horas.

4. Deje que su pan de calabaza se enfríe sobre una rejilla. ¡Sirve con miel y disfruta!

Pan de romero con queso

(Listo en aproximadamente 2 horas | Porciones 8)

Ingredientes

- 6 cucharadas de mantequilla a temperatura ambiente
- 1 taza de queso parmesano rallado
- 1 cucharada de romero fresco
- 1 pan de molde mediano

Direcciones

1. Combine la mantequilla, el queso parmesano y el romero fresco y mezcle hasta que todo esté bien mezclado.

2. Cortar el pan de molde en 8 rebanadas. Unte ambos lados de las rebanadas de pan con la mezcla de romero y queso.

3. Envuelva las rebanadas de pan en papel de aluminio.

4. Coloque en su olla de barro y cocine a fuego lento durante 2 horas. Destape y deje enfriar durante unos 5 minutos.

Vegetariano Sloppy Joes

(Listo en aproximadamente 3 horas | Porciones 8)

Ingredientes

- 1 taza de champiñones, en rodajas finas
- 1 taza de cebolla picada
- 1 pimiento rojo picado
- 1/4 de chile poblano, picado
- 2 cucharaditas de ajo picado
- 1 taza de salsa de tomate
- 1 cucharadita de semillas de apio
- 1 ½ taza de agua
- 1/4 taza de azucar
- 1 cucharadita de sal kosher
- 1/4 de pimienta negra molida
- 8 bollos de hamburguesa de trigo integral

Direcciones

1. Combine los champiñones, las cebollas, el pimiento morrón, el chile poblano, el ajo, el ketchup, las semillas de apio, el agua y el azúcar.

2. Cubra su olla de barro con una tapa y cocine Sloppy Joes a temperatura alta de 2 a 3 horas. Condimentar con sal y pimienta.

3. Sirve en bollos con tu ensalada favorita.

Sándwiches de carne de lujo

(Listo en aproximadamente 3 horas | Porciones 12)

Ingredientes

- 2 libras de carne molida magra
- 1 pimiento rojo picado
- 1 pimiento verde picado
- 1 cebolla amarilla picada
- 1 taza de champiñones, en rodajas finas
- 2 dientes de ajo picados
- 1/2 taza de tocino de pavo frito, desmenuzado
- 3/4 taza de pasta de tomate
- 1 cucharada de salsa de tomate
- 2 cucharadas de vino tinto seco
- 1 taza de queso procesado, cortado en cubos
- Sal y pimienta para probar
- 12 panecillos para sándwich, tostadas

Direcciones

1. Caliente una sartén grande a fuego medio; cocine la carne molida, los pimientos morrones y la cebolla hasta que la carne esté dorada y la cebolla esté transparente. Reemplazar a la olla de barro.

2. Agregue los ingredientes restantes, excepto los panecillos para sándwich; cocine a fuego lento durante aproximadamente 3 horas.

3. Sirve en panecillos para sándwich, decora con mostaza y ensalada y disfruta.

Los mejores sándwiches de carne

(Listo en aproximadamente 3 horas | Porciones 12)

Ingredientes

- 1 libra mezcla de carne de res y cerdo, molida
- 3/4 taza de cebolletas picadas
- 1 diente de ajo picado
- 1 taza de tomates, cortados en cubitos y escurridos
- 1 cucharada de salsa Worcestershire
- 1/4 taza de azúcar morena clara compacta
- 1 cucharada de mostaza
- 1 cucharada colmada de cilantro
- 1 cucharada colmada de perejil fresco
- 1 cucharadita de sal marina
- 1/4 cucharadita de pimienta negra molida
- 1/4 de cucharadita de pimiento rojo triturado
- 12 panecillos tostados

Direcciones

1. En una cacerola ancha y profunda, a fuego medio-bajo, cocine la carne mixta, la cebolleta y el ajo; desmenuzar con un tenedor; agregar a la olla de barro.

2. Agregue el resto de ingredientes, excepto los panecillos para sándwich; cocine a fuego alto de 2 a 3 horas.

3. Organice los sándwiches con panecillos y sírvalos con un poco de salsa de tomate y mostaza extra.

Sándwiches de pollo a la barbacoa

(Listo en aproximadamente 8 horas | Porciones 8)

Ingredientes

- 1 libra de pechugas de pollo, deshuesadas y sin piel
- 1/2 taza de caldo de pollo
- 1/4 taza de salsa BBQ
- 1/4 taza de agua
- 1 taza de salsa de tomate
- 2 cucharadas de vino blanco seco
- 1/3 taza de mostaza amarilla
- 1 cucharadita de estragón
- 1 tallo de apio picado
- 1 zanahoria grande, picada
- 2 cucharadas de azúcar morena
- 1/2 taza de cebolla picada
- 1 diente de ajo picado

- Sal y pimienta para probar
- 8 bollos de hamburguesa

Direcciones

1. En su olla de barro, combine todos los ingredientes, excepto los bollos de hamburguesa.

2. Cubra con una tapa y cocine a fuego lento de 6 a 8 horas, o durante la noche. A continuación, desmenuce el pollo cocido, ajuste el condimento y sirva con panecillos.

Sándwiches de cerdo picantes

(Listo en aproximadamente 8 horas | Porciones 12)

Ingredientes

Para los bocadillos:

- 1 lomo de cerdo asado, deshuesado
- 1 cucharadita de ajo en polvo
- 1 cucharadita de cebolla en polvo
- 1/4 cucharadita de pimienta negra molida
- Sal marina al gusto
- 1/2 taza de agua
- 12 panecillos para sándwich

Para la salsa:

- 1 taza de mayonesa baja en grasa
- 1 diente de ajo picado
- 2 cucharadas de jugo de limón

Direcciones

1. Frote el lomo de cerdo con ajo en polvo, cebolla en polvo, pimienta negra molida y sal al gusto. Vierta agua. Coloque en una olla de barro y cocine a fuego lento durante la noche, o aproximadamente 8 horas.

2. Retire la carne de cerdo de la olla de barro y desmenúcela.

3. Mezcle todos los ingredientes para la salsa.

4. Coloque la carne de cerdo cocida en el fondo de los panecillos para sándwich. Luego, coloque la salsa preparada con una cuchara y coloque la parte superior de los bollos. ¡Disfrutar!

Granola de verano con semillas

(Listo en aproximadamente 2 horas | Porciones 16)

Ingredientes

- 6 tazas de avena, pasada de moda
- 1 taza de semillas de calabaza
- 1 taza de semillas de girasol
- 1/2 cucharadita de sal kosher
- 2 cucharadas de jugo de naranja
- 1/2 taza de aceite de canola
- 1 taza de sirope de arce
- 1/2 taza de higos secos, picados
- 1 taza de piña seca, picada

Direcciones

1. En una olla de barro, combine la avena, las semillas de calabaza, los granos de girasol y la sal.

2. En un tazón pequeño, bata el jugo de naranja, el aceite y el jarabe de arce hasta que se mezcle la mezcla. Agrega esta mezcla a la mezcla de avena.

3. Cocine, tapado, a fuego alto durante aproximadamente 2 horas, revolviendo cada 20 minutos.

4. Retirar del fuego y dejar enfriar la granola. Agregue los higos secos y la piña y revuelva bien para combinar.

5. Coloque la granola preparada en una bandeja para hornear, esparciendo uniformemente. Déjelo enfriar completamente antes de guardarlo.

Granola de dátil fácil de hacer

(Listo en aproximadamente 3 horas | Porciones 6)

Ingredientes

- 1/4 taza de miel
- 6 cucharadas de puré de manzana
- 1/4 de cucharadita de cardamomo
- 1/4 de cucharadita de nuez moscada rallada
- 1/4 de cucharadita de clavo molido
- 1 cucharadita de canela en polvo
- Una pizca de sal
- 1 cucharadita de extracto de vainilla
- 1/2 cucharadita de extracto de arce
- 1 cucharada de semillas de cáñamo
- 3 tazas de copos de avena
- 1 taza de nueces tostadas y picadas
- 1 taza de dátiles Medjool, sin hueso y picados

Direcciones

1. Pon miel, puré de manzana, cardamomo, nuez moscada, clavo, canela, sal, extracto de vainilla y extractos de arce en tu olla de barro. Agregue las semillas de cáñamo y revuelva bien para combinar.

2. Agregue los copos de avena y las nueces. Revuelve para combinar.

3. Cocine a fuego alto durante 3 horas, ventilando ligeramente la tapa. Revuelva de vez en cuando. Deje enfriar un poco y luego agregue los dátiles picados.

4. Vierta su granola en una bandeja para hornear y deje que se enfríe por completo antes de servir en los recipientes herméticos.

Granola de arce y coco

(Listo en aproximadamente 3 horas | Porciones 6)

Ingredientes

- 1/4 taza de jarabe de arce
- 2 cucharadas de aceite de canola
- 1 taza de semillas de girasol peladas
- 2 cucharadas de semillas de chía
- 1/4 de cucharadita de clavo molido
- 1 cucharadita de canela en polvo
- Una pizca de sal
- 1 cucharadita de extracto puro de vainilla
- 1 taza de hojuelas de coco
- 3 tazas de copos de avena
- 1 taza de almendras picadas
- 1 taza de cerezas secas, picadas

Direcciones

1. Combine jarabe de arce, aceite de canola, semillas de girasol, semillas de chía, clavo molido, canela, sal, extracto de vainilla, copos de coco y copos de avena en una olla de barro.

2. Cocine aproximadamente 3 horas, revolviendo ocasionalmente. Deje que la granola se enfríe durante unos 15 minutos; agregue las almendras y las cerezas secas. Remueve hasta que todo esté bien incorporado.

3. Extienda sobre una bandeja para hornear para que se enfríe por completo.

Sándwiches de cerdo desmenuzado

(Listo en aproximadamente 3 horas | Porciones 12)

Ingredientes

- 1 lomo de cerdo asado, deshuesado
- 1 cucharadita de curry en polvo
- 1 cucharadita de pimienta de cayena
- 1/2 cucharadita de jengibre rallado
- 1 taza de caldo de res
- Sal al gusto
- 1/4 cucharadita de pimienta negra
- 1 hoja de laurel
- 48 rebanadas de pan

Direcciones

1. Frote el lomo de cerdo asado con curry en polvo y pimienta de cayena.

2. Coloque la carne de cerdo sazonada en su olla de barro; agregue el jengibre rallado y el caldo de res. Agrega sal, pimienta negra y laurel.

3. Cocine a fuego lento durante aproximadamente 3 horas. Corte la carne de cerdo cocida en tiras finas. Pruebe y ajuste los condimentos.

4. Haga sándwiches con una cuchara de carne con salsa en cada rebanada de pan.

Sándwiches de carne de invierno

(Listo en aproximadamente 8 horas | Porciones 12)

Ingredientes

- 1 asado de ternera de tamaño mediano, deshuesado
- 1/2 cucharadita de sal marina
- 1/4 cucharadita de pimienta negra
- 1 cucharadita de albahaca seca
- 1 cucharada de salvia fresca
- 2 tazas de caldo de res
- 1 taza de vino tinto seco
- 1 diente de ajo picado
- 7-8 granos de pimienta
- 12 rollos de sándwich
- Chucrut para decorar
- Chiles para decorar

Direcciones

1. Sazone la carne asada con sal marina y pimienta negra y colóquela en una olla de barro.

2. Agregue albahaca, salvia, caldo de res, vino, ajo y granos de pimienta. Cubra y cocine a fuego lento aproximadamente 8 horas, o durante la noche.

3. Sirva la carne de res cocida en rollos de sándwich con chucrut y chiles.

Sándwiches de salchicha abundantes

(Listo en aproximadamente 6 horas | Porciones 6)

Ingredientes

- 8 enlaces de salchichas frescas
- 1 taza de caldo de res
- 4 tazas de salsa de espagueti
- 1 ají picado
- 1 pimiento rojo cortado en rodajas
- 1 pimiento verde, cortado en rodajas
- 1 taza de cebolletas picadas
- 1 cucharada colmada de perejil fresco
- 1 cucharada colmada de cilantro fresco
- 6 bollos de cóctel, partidos a lo largo

Direcciones

1. En una olla de barro, coloque las salchichas, el caldo de res, la salsa para espaguetis, el ají, los pimientos morrones y las cebolletas. Agrega el perejil y el cilantro. Revuelve para combinar.

2. Cubra con una tapa; cocine a temperatura baja durante 6 horas. ¡Sirve en rollos de cóctel y disfruta!

Salchichas ahumadas campestres

(Listo en aproximadamente 6 horas | Porciones 6)

Ingredientes

- 1 cucharada de aceite de oliva extra virgen
- 6 cebollas verdes, en rodajas
- 1 pimiento amarillo, cortado en rodajas
- 1 pimiento rojo cortado en rodajas
- 4 dientes de ajo machacados
- 2 libras de salchicha ahumada
- 1 lata (28 onzas) de tomates, cortados en cubitos
- 1 cucharadita de sal
- 1/2 cucharadita de pimienta negra molida
- 1/2 cucharadita de hojuelas de pimiento rojo triturado
- Mostaza para decorar

Direcciones

1. En una sartén grande, caliente el aceite de oliva a fuego medio. Saltee las cebollas, los pimientos, el ajo y las salchichas hasta que las verduras estén tiernas y las salchichas ligeramente doradas. Transfiera a la olla de barro.

2. Agregue los tomates, la sal, la pimienta negra y el pimiento rojo.

3. Cocine a fuego lento aproximadamente 6 horas. Sirve con tu mostaza favorita.

Tacos de carne que debes comer

(Listo en aproximadamente 8 horas | Porciones 6)

Ingredientes

- 1 ½ libras de carne asada, deshuesada
- 1 cebolla morada grande, en rodajas
- 1 taza de caldo de res
- 1 frasco (16 onzas) de salsa para tacos
- 12 conchas para tacos
- 2 pepinos, en rodajas finas
- 2 tomates maduros, en rodajas

Direcciones

1. Coloque la carne asada y la cebolla en rodajas en una olla de barro. Vierta el caldo de res y la salsa para tacos.

2. Cocine a BAJA durante 8 horas o durante la noche.

3. Por la mañana, corte la carne en tiras.

4. Rellena las conchas para tacos con carne deshebrada; agregue el pepino y el tomate y sirva!

Avena con Ciruelas y Albaricoques

(Listo en aproximadamente 8 horas | Porciones 4)

Ingredientes

- 1 taza de avena cortada en acero
- 4 ½ tazas de agua
- 1/2 cucharadita de jengibre rallado
- 1/2 cucharadita de pimienta gorda
- 1/2 cucharadita de canela en polvo
- 1/2 cucharadita de sal
- 3 cucharadas de mantequilla
- 1/2 taza de ciruelas pasas
- 1/2 taza de orejones
- Jarabe de arce, al gusto

Direcciones

1. Pon todos los ingredientes en una olla de barro.

2. Tape y cocine a fuego lento aproximadamente 8 horas.

3. Sirva con leche y un poco de fruta extra si lo desea.

Muesli con Coco y Cacahuetes

(Listo en aproximadamente 2 horas | Porciones 12)

Ingredientes

- 4 tazas de copos de avena
- 4 tazas de agua
- 1 cucharadita de pimienta gorda
- 1/4 de cucharadita de cúrcuma
- 1 taza de germen de trigo
- 1 taza de salvado natural para hornear
- 1/2 taza de coco rallado, sin azúcar
- 1/2 taza de azúcar morena
- 4 cucharadas de mantequilla derretida
- 1 cucharadita de extracto de almendras
- 2 cucharadas de semillas de calabaza
- Cacahuetes para decorar

Direcciones

1. Agregue todos los ingredientes, excepto los cacahuetes, a su olla de barro.

2. Cubra con una tapa; cocine a fuego alto aproximadamente 2 horas, revolviendo dos veces. ¡Divida entre 12 tazones para servir, esparza maní picado encima y sirva!

Sándwiches de filete de queso

(Listo en aproximadamente 8 horas | Porciones 8)

Ingredientes

- 1 libra de bistec redondo, en rodajas finas
- 1 taza de cebollas en rodajas
- 1 pimiento verde, cortado en rodajas
- 1 taza de caldo de res
- 1 diente de ajo picado
- 2 cucharadas de vino tinto seco
- 1 cucharada de salsa Worcestershire
- 1 cucharadita de semillas de apio
- 1/2 cucharadita de sal
- 1/4 cucharadita de pimienta negra molida
- 8 bollos de hamburguesa
- 1 taza de queso mozzarella, rallado

Direcciones

1. Combine todos los ingredientes, excepto los bollos y el queso, en su olla de barro.

2. Tape y cocine a fuego lento de 6 a 8 horas.

3. Haga sándwiches con bollos, mezcla de carne preparada y queso. ¡Sirve caliente y disfruta!

Brats de cerveza con champiñones y cebolla

(Listo en aproximadamente 8 horas | Porciones 8)

Ingredientes

- 8 salchichas frescas
- 2 (12 onzas) 3 botellas de cerveza
- 1 taza de champiñones, en rodajas
- 2-3 dientes de ajo, picados
- 1 cebolla morada en rodajas
- 1 pimiento rojo cortado en rodajas
- 1 cucharadita de sal marina
- 1/4 cucharadita de pimienta negra molida
- 1 cucharadita de chile poblano picado
- 8 bollos de hot dog

Direcciones

1. Combine todos los ingredientes, excepto los bollos, en una olla de barro.

2. Cocine, tapado, a fuego lento de 6 a 8 horas.

3. Sirva las salchichas cocidas y las verduras en panecillos. Agregue mostaza, salsa de tomate y crema agria si lo desea.

Deliciosos sándwiches de salchicha y chucrut

(Listo en aproximadamente 8 horas | Porciones 6)

Ingredientes

- 6 salchichas frescas a elección
- 1 cebolla mediana picada
- 1 taza de chucrut
- 1 manzana pequeña, pelada, sin corazón y en rodajas finas
- 1 cucharadita de semillas de alcaravea
- 1/2 taza de caldo de pollo
- Sal al gusto
- 1/2 cucharadita de pimienta negra molida
- 6 bollos de hot dog
- Salsa de tomate para decorar
- Mostaza para decorar

Direcciones

1. Coloque las salchichas en una olla de barro. Luego coloque la cebolla, el chucrut, la manzana, las semillas de alcaravea, el caldo de pollo, la sal y la pimienta negra.

2. Cocine, tapado, a fuego lento de 6 a 8 horas.

3. Prepara sándwiches con panecillos y sírvelos con salsa de tomate y mostaza.

Cazuela De Salchicha Navideña

(Listo en aproximadamente 8 horas | Porciones 8)

Ingredientes

- Aerosol antiadherente para cocinar sabor a mantequilla
- 1 paquete (26 onzas) de papas hash brown congeladas, descongeladas
- 1 calabacín, en rodajas finas
- 1 taza de leche entera
- 10 huevos batidos
- 1 cucharadita de sal marina
- 1/4 cucharadita de hojuelas de pimiento rojo triturado
- 1/4 cucharadita de pimienta negra molida
- 1 cucharadita de semillas de alcaravea
- 1 cucharada de mostaza molida
- 2 tazas de salchichas
- 2 tazas de queso cheddar, rallado

Direcciones

1. Engrase una olla de barro con aceite en aerosol antiadherente. Extienda las croquetas de patata para cubrir el fondo de la olla de barro. Luego coloque rodajas de calabacín.

2. En un tazón mediano, bata la leche, los huevos, la sal, el pimiento rojo, la pimienta negra, las semillas de alcaravea y la mostaza molida.

3. Caliente una sartén de hierro fundido a fuego medio. A continuación, cocine las salchichas hasta que estén doradas y desmenuzables, unos 6 minutos; desechar la grasa.

4. Coloque la salchicha sobre la capa de calabacín y luego unte el queso cheddar. Vierta la mezcla de huevo y leche sobre la capa de queso.

5. Cocine a fuego lento durante 6 a 8 horas. Sirva caliente con un poco de mostaza extra.

Cazuela de salchicha durante la noche

(Listo en aproximadamente 8 horas | Porciones 12)

Ingredientes

- 1 ½ tazas de salchicha picante
- 1 cebolla morada picada
- 2 dientes de ajo machacados
- 1 pimiento morrón dulce, en rodajas finas
- 1 chile jalapeño
- 1/4 taza de perejil fresco
- 1 cucharada colmada de cilantro fresco
- 1 paquete (30 onzas) de papas picadas, ralladas y descongeladas
- 1 1/2 tazas de queso picante, rallado
- 1 taza de leche
- 12 huevos
- 1 cucharadita de mostaza seca
- 1 cucharadita de semillas de apio

- 1/2 cucharadita de sal

- 1/8 cucharadita de pimienta

- 1/4 cucharadita de pimienta de cayena

Direcciones

1. En una sartén mediana antiadherente, a fuego medio, cocine la salchicha; escurrir y reservar.

2. En un tazón mediano, combine la cebolla, el ajo, el pimiento morrón, el chile jalapeño, el perejil y el cilantro. Revuelva bien para combinar.

3. Capas alternas. Coloque 1/3 de las croquetas de patata, la salchicha, la mezcla de cebolla y el queso en la olla de barro. De la misma forma, repite las capas dos veces.

4. En un bol aparte batir el resto de ingredientes. Vierta esta mezcla en la olla de barro esparciendo por igual.

5. Cubra y cocine a fuego lento aproximadamente 8 horas o durante la noche. Sirva caliente.

Sándwiches de cerdo al amanecer

(Listo en aproximadamente 8 horas | Porciones 12)

Ingredientes

- 1 asado de cerdo mediano
- 1/4 cucharadita de pimienta negra
- 1/4 cucharadita de hojuelas de pimiento rojo triturado
- 1 cucharadita de sal marina
- 1 cucharadita de tomillo seco
- 1 cucharada de saborizante de humo líquido
- 12 bollos de pretzel

Direcciones

1. Perfore la carne de cerdo con un tenedor de trinchar para una mejor cocción lenta.

2. Sazone con especias y luego esparza el humo líquido sobre el asado de cerdo.

3. Coloque el asado de cerdo en una olla de barro.

4. Tape y cocine a temperatura baja durante 8 a 10 horas, volteando una o dos veces.

5. Triture el asado de cerdo cocido, agregando la grasa para humedecer. ¡Prepara sándwiches con bollos de pretzel y disfruta!

Sándwiches de Cerdo Extraído con Cerveza

(Listo en aproximadamente 10 horas | Porciones 16)

Ingredientes

- 1 asado de cerdo mediano
- 1 cebolla grande, picada
- 3 dientes de ajo machacados
- 2 zanahorias, en rodajas finas
- 1/2 cucharadita de pimienta negra molida
- 1/2 cucharadita de pimienta de cayena
- 1 cucharadita de sal marina
- 1 cucharadita de pimienta negra molida
- 1 cucharadita de comino en polvo
- 1 lata de cerveza (12 onzas líquidas)
- 1 taza de salsa barbacoa

Direcciones

1. Perfore la carne de cerdo con un tenedor de trinchar.

2. Coloque todos los ingredientes, excepto la salsa de barbacoa, en una olla de barro.

3. Pon la olla de barro a fuego alto; cocine por 1 hora. Luego reduzca el fuego a bajo y cocine de 6 a 8 horas más.

4. Triture la carne de cerdo cocida y devuélvala a la olla de barro. Agregue la salsa de barbacoa y cocine 1 hora más.

5. ¡Sirve en tus panes de hamburguesa favoritos y disfruta!

Manzana crujiente de mamá

(Listo en aproximadamente 3 horas | Porciones 6)

Ingredientes

- 2/3 taza de avena a la antigua
- 2/3 taza de azúcar morena, empacada
- 2/3 taza de harina para todo uso
- 1 cucharadita de pimienta gorda
- 1 cucharadita de canela
- 1/2 taza de mantequilla
- 5-6 manzanas ácidas, sin corazón y en rodajas

Direcciones

1. En un tazón mediano, combine los primeros seis ingredientes. Mezclar hasta que todo esté bien mezclado.

2. Coloque las manzanas en rodajas en su olla de barro.

3. Espolvoree la mezcla de avena sobre las manzanas en la olla de barro.

4. Cubra la olla de barro con tres toallas de papel. Coloque la olla de barro a fuego alto y cocine durante aproximadamente 3 horas.

Quinua Vegetariana con Espinacas

(Listo en aproximadamente 3 horas | Porciones 4)

Ingredientes

- 2 cucharadas de aceite de oliva
- 3/4 taza de cebolletas picadas
- 1 taza de espinaca
- 2 dientes de ajo picados
- 1 taza de quinua, enjuagada
- 2 ½ tazas de caldo de verduras
- 1 taza de agua
- 1 cucharada de albahaca fresca
- 1 cucharada de cilantro fresco
- 1/4 cucharadita de pimienta negra molida
- Sal al gusto
- 1/3 taza de queso parmesano

Direcciones

1. En una cacerola, caliente el aceite de oliva a fuego medio-alto. Saltee las cebolletas, las espinacas y el ajo hasta que estén tiernos y fragantes. Transfiera a una olla de barro.

2. Agregue los ingredientes restantes, excepto el queso, y cubra con una tapa.

3. Cocine a BAJA durante aproximadamente 3 horas.

4. Agregue el queso parmesano, pruebe y ajuste los condimentos; ¡atender!

Quinoa fácil con queso y verduras

(Listo en aproximadamente 3 horas | Porciones 4)

Ingredientes

- 2 cucharadas de margarina derretida
- 1 cebolla mediana picada
- 1 diente de ajo picado
- 1 taza de champiñones, rebanados
- 1 pimiento rojo dulce
- 1 taza de quinua, enjuagada
- 2 tazas de caldo de verduras
- 1 ½ taza de agua
- 1 cucharada colmada de perejil fresco
- 1 cucharada colmada de cilantro fresco
- 1/4 cucharadita de hojuelas de pimiento rojo triturado
- Una pizca de pimienta negra molida
- Sal al gusto

- 1/3 taza de queso parmesano

Direcciones

1. En una sartén mediana, caliente la margarina a fuego medio.

2. Saltee las cebollas, el ajo, los champiñones y el pimiento rojo en margarina caliente durante unos 6 minutos o hasta que estén tiernos. Reemplazar a una olla de barro.

3. Agrega el resto de ingredientes, excepto el queso parmesano; Ponga la olla de barro a fuego lento y cocine durante aproximadamente 3 horas.

4. ¡Agregue queso parmesano y disfrute caliente!

Kale Frittata con Salchichas

(Listo en aproximadamente 3 horas | Porciones 6)

Ingredientes

- Aceite en aerosol antiadherente
- 3/4 taza de col rizada
- 1 pimiento rojo dulce, en rodajas
- 1 pimiento verde dulce, en rodajas
- 1 cebolla morada mediana, en rodajas
- 8 huevos batidos
- 1/2 cucharadita de pimienta negra molida
- 1 cucharadita de sal
- 1 1/3 taza de salchichas

Direcciones

1. Combine todos los ingredientes en una olla de barro bien engrasada.

2. Ponga la olla de barro a fuego lento y cocine hasta que la frittata esté lista o aproximadamente 3 horas.

3. Puedes recalentar esta frittata en el microondas durante 60 segundos.

Deliciosa frittata de fin de semana

(Listo en aproximadamente 3 horas | Porciones 6)

Ingredientes

- Aceite en aerosol antiadherente
- 1 1/3 taza de jamón cocido
- 1 pimiento rojo cortado en rodajas
- 1 pimiento verde dulce, cortado en rodajas
- 1 cebolleta, en rodajas
- 8 huevos batidos
- 1 cucharada de albahaca
- 1 cucharada colmada de cilantro fresco
- 1 cucharada de perejil fresco
- 1 cucharadita de sal
- 1/4 cucharadita de pimienta negra molida
- 1/4 cucharadita de pimienta de cayena
- Unas gotas de salsa tabasco

Direcciones

1. Engrase una olla de barro con aceite en aerosol antiadherente. Combine todos los ingredientes en la olla de barro.

2. Ponga la olla de barro a fuego lento y cocine su frittata aproximadamente 3 horas.

3. Divida entre seis platos para servir y espolvoree con cebollino picado, si lo desea; decorar con crema agria y servir!

Delicia de desayuno vegetariano

(Listo en aproximadamente 4 horas | Porciones 4)

Ingredientes

- 2 cucharadas de aceite de canola
- 1 taza de cebolletas picadas
- 1 diente de ajo picado
- 2 zanahorias medianas, en rodajas finas
- 1 tallo de apio picado
- 1 taza de quinua, enjuagada
- 2 tazas de caldo de verduras
- 1 ½ taza de agua
- 1 cucharada de cilantro fresco
- Una pizca de pimienta negra molida
- 1/4 de cucharadita de tomillo seco
- 1/4 de cucharadita de eneldo seco
- Sal al gusto

- 1/3 taza de queso parmesano

Direcciones

1. En una sartén mediana, caliente el aceite de canola a fuego medio.

2. Saltee las cebolletas, el ajo, las zanahorias y el apio durante unos 5 minutos, o hasta que las verduras estén tiernas. Transfiera las verduras a una olla de barro.

3. Agregue quinua, caldo de verduras, agua, cilantro, pimienta negra, tomillo seco, eneldo y sal al gusto.

4. Tape y cocine a BAJA aproximadamente 4 horas.

5. ¡Esparce parmesano encima y sírvelo caliente!

Frittata de tocino rica en proteínas

(Listo en aproximadamente 4 horas | Porciones 6)

Ingredientes

- Aceite en aerosol antiadherente
- 1 taza de cebolletas, en rodajas
- 1 1/3 taza de tocino
- 1 taza de champiñones, en rodajas
- 1 chile poblano, picado
- 10 huevos batidos
- 1 cucharada colmada de cilantro fresco
- 1 cucharadita de sal
- 1/4 cucharadita de pimienta negra molida
- 1/4 cucharadita de hojuelas de pimiento rojo triturado

Direcciones

1. Combine todos los ingredientes en una olla de barro engrasada.

2. A continuación, ponga su olla de barro a fuego lento; tape y cocine la frittata de 3 a 4 horas.

3. Cortar en seis gajos, decorar con mostaza y servir.

Tortilla De Champiñones Y Chile

(Listo en aproximadamente 4 horas | Porciones 4)

Ingredientes

- Aceite en aerosol antiadherente
- 1 cebolla verde, en rodajas
- 2 dientes de ajo picados
- 2 tazas de champiñones, en rodajas
- 1 guindilla, picada
- 2 tomates maduros, en rodajas
- 8 huevos batidos
- 1 cucharada de cilantro fresco
- 1 cucharadita de sal
- 1/4 cucharadita de pimienta negra molida
- 1/4 cucharadita de pimienta de cayena

Direcciones

1. En su olla de barro, coloque todos los ingredientes.

2. Cubra con una tapa; cocine a fuego lento de 3 a 4 horas.

3. Cortar en gajos y servir tibio con crema agria y salsa de tomate.

Avena De Plátano Pecan

(Listo en aproximadamente 8 horas | Porciones 4)

Ingredientes

- 2 tazas de agua
- 2 plátanos maduros
- 1 taza de avena cortada en acero
- 1/4 taza de nueces, picadas en trozos grandes
- 2 tazas de leche de soja
- 1/2 cucharadita de canela
- 1 cucharadita de extracto puro de almendras
- Una pizca de sal
- Miel al gusto

Direcciones

1. Vierta agua en su olla de barro. Use un tazón apto para horno (aquí funciona una cazuela de vidrio) y colóquelo dentro de su olla de barro.

2. Tritura los plátanos con un tenedor o mézclalos en una licuadora. Transfiera al recipiente apto para horno.

3. Agregue los ingredientes restantes al tazón.

4. Cocine a fuego lento durante la noche o durante 8 horas.

5. Revuelva bien antes de servir y agregue los ingredientes de su elección. ¡Disfrutar!

Avena abundante con nueces

(Listo en aproximadamente 8 horas | Porciones 4)

Ingredientes

- 1 plátano maduro de tamaño grande
- 1 taza de avena cortada en acero
- 1/4 taza de nueces, picadas en trozos grandes
- 2 cucharadas de semillas de chía
- 1 cucharada de semillas de cáñamo
- 2 tazas de leche
- 1/4 de cucharadita de nuez moscada rallada
- 1/2 cucharadita de cardamomo
- 1/2 cucharadita de canela
- 1 cucharadita de extracto puro de vainilla
- 2 tazas de agua
- Sirope de arce para decorar
- Frutas frescas para decorar

Direcciones

1. Tritura el plátano con un tenedor. Agregue puré de plátano a una fuente para horno. Agregue los ingredientes restantes.

2. Vierta agua en una olla de barro.

3. Coloque la fuente para horno dentro de la olla de barro. Cocine a fuego lento durante la noche o durante 8 horas. Cubra con jarabe de arce y fruta fresca.

Frittata de tomate y alcachofa

(Listo en aproximadamente 2 horas | Porciones 4)

Ingredientes

- Aceite en aerosol antiadherente
- 6 huevos grandes, batidos
- 1 taza de corazones de alcachofa picados
- 1 tomate mediano picado
- 1 pimiento rojo picado
- 1 cucharadita de cebolla en polvo
- 1 cucharadita de ajo en polvo
- 1/4 cucharadita de pimienta negra molida
- 1/4 cucharadita de pimienta de cayena
- 1/4 taza de queso suizo rallado

Direcciones

1. Cubre una olla de barro con aceite en aerosol.

2. Agregue todos los ingredientes a la olla de barro.

3. Cubra con una tapa y cocine a fuego lento durante aproximadamente 2 horas.

4. Espolvorea con queso; dejar reposar unos minutos hasta que el queso se derrita.

Cazuela De Tortilla De Champiñones Y Salchicha

(Listo en aproximadamente 3 horas | Porciones 4)

Ingredientes

- 1 libra de salchicha de pechuga de pollo, en rodajas
- 1 taza de cebolletas picadas
- 1 taza de champiñones, en rodajas
- 4 huevos medianos
- 1 taza de leche entera
- 1 cucharadita de sal marina
- 1/4 cucharadita de pimienta negra molida
- 1/2 cucharadita de mostaza seca
- 1/2 cucharadita de ajo granulado
- 1/2 taza de queso suizo rallado

Direcciones

1. Coloca la salchicha en una olla de barro. Luego, coloque cebolletas y champiñones sobre las salchichas.

2. En un tazón, mezcle los huevos, la leche y las especias. Batir para combinar.

3. Cocine a fuego lento durante unas 3 horas. Luego esparce el queso encima y deja que se derrita.

4. Sirva caliente con mayonesa y mostaza.

Avena Cortada De Acero De Pastel De Calabaza

(Listo en aproximadamente 8 horas | Porciones 4)

Ingredientes

- 1 taza de avena cortada en acero
- 3 tazas de agua
- 1/4 de cucharadita de canela en polvo
- 1 taza de puré de calabaza
- 1 cucharadita de extracto de vainilla
- Una pizca de sal
- 1 cucharada de especias para pastel de calabaza
- 1/2 taza de sirope de arce

Direcciones

1. Combine todos los ingredientes en su olla de barro.

2. Cubra y cocine a fuego lento durante la noche o durante 8 horas.

3. ¡Sirva caliente con pasas o dátiles, si lo desea!

Avena cortada al cacao

(Listo en aproximadamente 8 horas | Porciones 4)

Ingredientes

- 3 ½ tazas de agua
- 1 taza de avena cortada en acero
- 1/4 de cucharadita de nuez moscada rallada
- 1/2 cucharadita de canela en polvo
- 3 cucharadas de cacao en polvo sin azúcar
- Una pizca de sal
- 1/2 cucharadita de extracto puro de vainilla
- 1/2 cucharadita de extracto puro de avellana

Direcciones

1. Agregue todos los ingredientes a su olla de barro.

2. Cocine a fuego lento durante la noche o durante 8 horas.

3. Revuelva antes de servir y agregue edulcorante natural, si lo desea.

Avena con nueces y calabaza con arándanos

(Listo en aproximadamente 9 horas | Porciones 4)

Ingredientes

- 1 taza de avena cortada en acero
- 3 tazas de agua
- 1 taza de leche entera
- Una pizca de sal
- 1 cucharada de especias para pastel de calabaza
- 1/2 cucharadita de cardamomo
- 1/4 taza de puré de calabaza
- 2 cucharadas de miel
- 1/2 taza de arándanos secos
- 1/2 taza de almendras picadas en trozos grandes

Direcciones

1. En una olla de barro, coloque la avena cortada en acero, el agua, la leche, la sal, las especias para pastel de calabaza, el puré de cardamomo y la miel.

2. Cocine durante la noche o de 8 a 9 horas.

3. Dividir entre tazones para servir; espolvorear con arándanos secos y almendras; atender.

Avena con Cacao y Plátanos

(Listo en aproximadamente 8 horas | Porciones 4)

Ingredientes

- 3 tazas de agua
- 1 taza de leche
- 1 taza de avena cortada en acero
- 1/2 cucharadita de canela en polvo
- 1 plátano, machacado
- 4 cucharadas de cacao en polvo sin azúcar
- 1/2 cucharadita de extracto puro de vainilla
- 1 plátano en rodajas
- Nueces picadas para decorar

Direcciones

1. Vierta agua y leche en una olla de barro. Luego coloque la avena cortada en acero, la canela, el plátano triturado, el cacao en polvo y la vainilla.

2. Ponga su olla de barro a fuego lento y cocine durante la noche o durante 8 horas.

3. Revuelva antes de servir; dividir entre tazones para servir; decorar con plátano y nueces y disfrutar.

Quiche de Jamón y Queso

(Listo en aproximadamente 2 horas | Porciones 4)

Ingredientes

- Spray antiadherente para cocinar con sabor a mantequilla

- 4 rebanadas de pan integral tostado

- 2 tazas de queso picante rallado

- 1/2 libra de jamón, cocido y cortado en cubos del tamaño de un bocado

- 6 huevos de tamaño grande

- 1/2 cucharadita de mostaza de Dijon

- 1 taza de crema espesa

- 1/4 de cucharadita de cúrcuma en polvo

- 1 cucharada de perejil fresco picado en trozos grandes

- 1/2 cucharadita de sal marina

- 1/4 cucharadita de pimiento rojo triturado

- 1/4 de cucharadita de pimienta negra recién molida

Direcciones

1. Engrase generosamente el interior de una olla de barro con aceite en aerosol antiadherente.

2. Engrase cada rebanada de pan tostado con aceite en aerosol antiadherente; romper el pan engrasado en pedazos; colocar en la olla de barro.

3. Unte la mitad del queso picante sobre la tostada y luego coloque los trozos de jamón cocido sobre el queso; cubra con el queso restante.

4. En un tazón mediano o en una taza medidora, bata los huevos junto con el resto de ingredientes; vierta esta mezcla en la olla de barro.

5. Tape y cocine a fuego alto durante 2 horas. Sirva caliente con mayonesa o crema agria, si lo desea.

Desayuno de salchicha campestre y coliflor

(Listo en aproximadamente 6 horas | Porciones 8)

Ingredientes

- 1 libra de salchicha
- Spray antiadherente
- 1 taza de crema de papa condensada
- 1 taza de leche entera
- 1 cucharadita de mostaza seca
- Sal al gusto
- 1/2 cucharadita de pimienta negra recién molida
- 1 cucharada de albahaca fresca o 1 cucharadita de albahaca seca
- 1 paquete (28 onzas) de croquetas de patata congeladas, descongeladas
- 1 taza de coliflor, partida en floretes
- 1 taza de zanahorias en rodajas
- 1/2 taza de queso cheddar, rallado

Direcciones

1. En una sartén de hierro fundido, dore la salchicha; cortar en trozos del tamaño de un bocado.

2. Cubre el interior de la olla de barro con spray antiadherente. Agrega todos los ingredientes, excepto el queso cheddar; revuelva suavemente para combinar.

3. Cubra con una tapa y cocine durante aproximadamente 6 horas a fuego lento. Esparcir queso cheddar encima. Deje reposar durante 30 minutos antes de servir.

Cazuela De Salchicha De Brócoli

(Listo en aproximadamente 6 horas | Porciones 6)

Ingredientes

- 2 cucharadas de aceite de oliva
- 3/4 libra de salchicha
- 1 taza de caldo de res
- 1 taza de leche
- 1 cucharadita de mostaza seca
- 1/4 cucharadita de pimienta de cayena
- 1/2 cucharadita de pimienta negra
- 2 libras de croquetas de patata congeladas, descongeladas
- 1 taza de brócoli, partido en floretes
- 1 taza de zanahorias en rodajas
- 1/2 taza de queso cheddar, rallado

Direcciones

1. Cubra el interior de la olla de barro con aceite de oliva.

2. En una cacerola mediana, a fuego medio-alto, cocine las salchichas hasta que ya no estén rosadas o unos 10 minutos. Transfiera la salchicha a la olla de barro engrasada.

3. Agregue el caldo, la leche, la mostaza, la pimienta de cayena, la pimienta negra, las croquetas de patata, el brócoli y la zanahoria. Cocine a fuego lento durante 6 horas.

4. Luego, cubra con queso rallado y deje que se derrita.

5. Sirve caliente con tu mayonesa favorita y un poco de mostaza extra.

Salchicha y verduras de la mañana de invierno

(Listo en aproximadamente 6 horas | Porciones 6)

Ingredientes

- Spray antiadherente
- 3/4 libra de salchicha muy condimentada
- 1 cebolla grande
- 1 pimiento verde dulce
- 1 pimiento rojo dulce, picado
- 1 taza de leche entera
- 1 taza de caldo de verduras o carne
- 1/2 cucharadita de chile en polvo
- 1/2 cucharadita de pimienta negra
- Sal marina al gusto
- 2 libras de croquetas de patata congeladas, descongeladas
- 1/2 taza de queso cheddar, rallado

Direcciones

1. Engrase el interior de su olla de barro con spray antiadherente.

2. En una sartén mediana, cocine la salchicha unos 10 minutos, hasta que se dore. Reemplazar a la olla de barro.

3. Agregue el resto de los ingredientes, excepto el queso cheddar.

4. Ponga la olla de barro a fuego lento y cocine unas 6 horas.

5. Esparcir queso cheddar encima. ¡Sirva caliente!

Huevos a la Florentina con Hongo Ostra

(Listo en aproximadamente 2 horas | Porciones 4)

Ingredientes

- Spray antiadherente

- 2 tazas de queso Monterey Jack, rallado

- 1 taza de acelgas

- 1 taza de hongos ostra, en rodajas

- 2-3 dientes de ajo, machacados

- 1 cebolla pequeña, pelada y cortada en cubitos

- 5 huevos de tamaño grande

- 1 taza de crema ligera

- Sal al gusto

- 1/4 cucharadita de pimienta negra molida

Direcciones

1. Trate el interior de la olla de barro con spray antiadherente. Extienda 1 taza de queso Monterey Jack sobre el fondo de la olla de barro.

2. Luego coloque las espinacas encima del queso.

3. A continuación, agregue el hongo ostra en una capa. Cubra la capa de champiñones con el ajo y la cebolla.

4. En una taza medidora o en un tazón, bata los huevos con el resto de los ingredientes. Vierta esta mezcla sobre las capas en la olla de barro.

5. Cubra con la 1 taza restante de queso.

6. Coloque su olla de barro a fuego alto, cubra con una tapa y cocine por 2 horas.

Cazuela de queso y acelgas

(Listo en aproximadamente 4 horas | Porciones 4)

Ingredientes

- Spray antiadherente para cocinar con sabor a mantequilla
- 4 huevos de tamaño grande
- 1 taza de requesón
- 3 cucharadas de harina para todo uso
- 1 cucharada de cilantro fresco
- 1/2 cucharadita de sal marina
- 1/4 de cucharadita de pimienta negra recién molida
- 1/2 cucharadita de tomillo seco
- 1/2 cucharadita de bicarbonato de sodio
- 2 cucharadas de mantequilla derretida
- 1 taza de queso picante rallado
- 1 taza de cebolletas, finamente picadas
- 1 taza de acelgas

Direcciones

1. Cubra una cacerola resistente al calor con aceite en aerosol. Vierta 2 tazas de agua en la olla de barro.

2. Agrega los huevos y bátelos hasta que estén espumosos. Luego, agregue el requesón.

3. Agrega la harina, el cilantro, la sal marina, la pimienta negra, el tomillo, el bicarbonato de sodio y la mantequilla. Mezclar bien hasta que todo esté bien incorporado.

4. Luego, agregue los ingredientes restantes; ajustar los condimentos.

5. Coloque la cacerola resistente al calor sobre la rejilla de cocción en la olla de barro; cubra con una tapa adecuada y cocine a fuego lento aproximadamente 4 horas.

6. Deje enfriar a temperatura ambiente antes de servir y ¡disfrútelo!

Frittata de plátano con nueces

(Listo en aproximadamente 18 horas | Porciones 6)

Ingredientes

- 1 cucharada de aceite de canola
- 1 barra de pan, cortada en cubos
- 1 taza de queso crema
- 2 plátanos maduros
- 1 taza de almendras picadas en trozos grandes
- 10 huevos grandes
- 1/4 taza de jarabe de arce
- 1 taza mitad y mitad
- Una pizca de sal

Direcciones

1. Engrase el interior de su olla de barro con aceite de canola.

2. Coloque 1/2 de los cubos de pan en el fondo de la olla de barro. Luego, esparza uniformemente la mitad del queso crema.

3. Coloca las rodajas de 1 plátano sobre el queso crema. Luego esparce la mitad de las almendras picadas.

4. Repite las capas una vez más.

5. En un tazón o taza medidora, bata los huevos con el jarabe de arce, mitad y mitad y sal; vierta sobre las capas en la olla de barro.

6. Dejar en el frigorífico al menos 12 horas. Después de eso, cubra y cocine a fuego lento durante 6 horas. Sirva con algunos plátanos adicionales si lo desea.

Deliciosa Frittata De Calabaza Con Especias

(Listo en aproximadamente 6 horas | Porciones 6)

Ingredientes

- 2 cucharadas de aceite de coco derretido
- 1 hogaza de pan, cortada en cubos pequeños
- 1 taza de queso crema
- 1 taza de calabaza rallada
- 2 plátanos en rodajas
- 1 taza de nueces, picadas en trozos grandes
- 8 huevos
- 1 taza mitad y mitad
- 2 cucharadas de miel cruda
- 1/2 cucharadita de canela en polvo
- 1/4 de cucharadita de cardamomo rallado
- 1/2 cucharadita de pimienta gorda
- 1 cucharadita de especia de calabaza

- Azúcar en polvo para decorar

Direcciones

1. Cubra el interior de una olla de barro con aceite de coco.

2. Coloque 1/2 de pan en la olla de barro. Luego, coloca la mitad del queso crema.

3. Luego, esparza uniformemente 1/2 de calabaza rallada. Coloque las rodajas de 1 plátano sobre la calabaza. Esparce la mitad de las nueces picadas sobre los plátanos.

4. Repite las capas una vez más.

5. En un tazón mediano, bata los huevos con el resto de ingredientes, excepto el azúcar en polvo. Vierta esta mezcla sobre las capas en su olla de barro.

6. Cocine tapado durante 6 horas a fuego lento. ¡Espolvoree su frittata con azúcar en polvo y sirva!

Gachas de avena especiadas para mañanas ocupadas

(Listo en aproximadamente 8 horas | Porciones 8)

Ingredientes

- 2 tazas de avena cortada en acero
- 6 tazas de agua
- 2 tazas de leche
- 1 cucharada de jugo de naranja puro
- 1 taza de orejones, picados
- 1 taza de dátiles picados
- 1 taza de pasas, picadas
- 1/2 cucharadita de jengibre
- 1 cucharadita de canela en polvo
- 1/8 cucharadita de clavo
- 1/4 taza de jarabe de arce
- 1/2 vaina de vainilla

Direcciones

1. Combine todos los ingredientes en una olla de barro.

2. Ponga la olla de barro a fuego lento y déjela toda la noche.

3. Por la mañana, revuelva la papilla preparada, raspando los lados y el fondo. Sirva con mermelada o ponche de huevo sobrante, si lo desea.

Gachas de avena de invierno familiar

(Listo en aproximadamente 9 horas | Porciones 8)

Ingredientes

- 7 tazas de agua
- 2 tazas de avena irlandesa cortada en acero
- 1 cucharadita de ralladura de limón
- 1 taza de pasas
- 1 taza de arándanos secos
- 1 taza de cerezas secas
- 1 cucharada de coco rallado
- 1/2 cucharadita de jengibre
- 1 cucharadita de pimienta gorda
- 1/8 cucharadita de nuez moscada rallada
- 1/4 taza de miel
- 1/2 vaina de vainilla

Direcciones

1. Coloque todos los ingredientes en una olla de barro; Ponga la olla de barro a fuego lento.

2. Cocine durante la noche o de 8 a 9 horas.

3. Mañana, revuelva la papilla y divídala en ocho platos hondos. Sirva con una cucharada de crema batida y nueces tostadas, si lo desea.

Increíble avena de manzana con ciruelas pasas

(Listo en aproximadamente 7 horas | Porciones 8)

Ingredientes

- 2 tazas de avena cortada en acero
- 1 taza de jugo de manzana
- 5 tazas de agua
- 1/2 taza de manzanas secas
- 1/4 taza de arándanos secos
- 1/4 taza de ciruelas pasas
- 1/4 taza de jarabe de arce
- 1 cucharadita de pimienta gorda
- Una pizca de sal

Direcciones

1. Agregue todos los ingredientes a una olla de barro.

2. Pon una olla de barro a fuego lento; cocine la avena durante unas 7 horas.

3. Sirva tibio cubierto con crema espesa si lo desea.

Avena tropical durante la noche

(Listo en aproximadamente 8 horas | Porciones 8)

Ingredientes

- 2 tazas de avena irlandesa cortada en acero
- 4 tazas de agua
- 1 taza de jugo de manzana
- 1 cucharada de jugo de naranja natural
- 1/2 taza de papaya seca
- 1/2 taza de piña seca
- 1/4 taza de mango seco
- 1/4 taza de jarabe de arce
- 2 cucharadas de hojuelas de coco
- Una pizca de sal

Direcciones

1. Combine todos los ingredientes en su olla de barro.

2. Cubra con una tapa adecuada; deje la avena durante la noche o de 7 a 8 horas.

3. Sirve con leche o una cucharada de crema batida. ¡Disfrutar!

Muffins ingleses con adorno de tomate

(Listo en aproximadamente 2 horas | Porciones 12)

Ingredientes

- 2 cucharadas de aceite vegetal
- 2 cebollas rojas grandes, picadas
- 1 lata (28 onzas) de tomates triturados
- 1 cucharada de salsa Worcester
- 1 cucharadita de ralladura de limón
- 1 cucharada de cilantro fresco
- 1 cucharada de albahaca fresca picada
- 1 cucharadita de sal marina
- 1/4 cucharadita de pimienta negra molida
- 1 taza de queso mozzarella
- 12 muffins ingleses

Direcciones

1. En una sartén pesada de tamaño mediano, caliente el aceite vegetal a fuego medio-alto. Reduzca el fuego y luego agregue las cebollas. Sofría las cebollas moradas hasta que estén tiernas y traslúcidas.

2. Transfiera a la olla de barro. Agregue los tomates y la salsa Worcester. Cocine tapado a temperatura alta durante 1 hora o hasta que la mezcla comience a burbujear por los bordes.

3. Agregue los ingredientes restantes, excepto los muffins ingleses, y cocine 1 hora más. Sirva caliente con muffins ingleses tostados.

Sémola Cremosa del Sur

(Listo en aproximadamente 8 horas | Porciones 12)

Ingredientes

- 1 ½ tazas de sémola de piedra
- 1 cucharada de mantequilla
- 1/4 de cucharadita de cúrcuma en polvo
- 4 tazas de caldo de verduras
- 1/2 cucharadita de pimienta negra molida
- 1/2 cucharadita de sal marina fina
- 1/2 taza de queso picante, rallado

Direcciones

1. Combine todos los ingredientes, excepto el queso, en su olla de barro.

2. Cocine a fuego lento durante 8 horas o durante la noche.

3. Agregue queso a la sémola preparada y disfrute. Puede servir con huevos y tocino, si lo desea.

Sémola de la abuela con queso parmesano

(Listo en aproximadamente 9 horas | Porciones 8)

Ingredientes

- 2 tazas de sémola de piedra
- 1 cucharada de mantequilla
- 1 cucharadita de sal
- 1/2 cucharadita de pimienta negra
- 1/2 cucharadita de pimienta blanca
- 1/4 taza de crema espesa
- 1/2 taza de queso parmesano recién rallado

Direcciones

1. Agregue todos los ingredientes, excepto la crema espesa y el queso parmesano, a su olla de barro.

2. Cocine a fuego lento de 8 a 9 horas.

3. Por la mañana, agregue la crema espesa y el queso parmesano; ¡Sirve con tu cobertura favorita y disfruta!

Súper cazuela de verduras y tocino

(Listo en aproximadamente 2 horas | Porciones 6)

Ingredientes

- 1 taza de queso picante bajo en grasa, rallado
- 1 taza de verduras de hoja verde (como espinacas, col rizada, acelgas)
- 1/2 taza de tocino, rebanado
- 3 rebanadas de pan en cubos
- 1 taza de champiñones, en rodajas
- 6 huevos
- 1/4 cucharadita de pimienta negra
- 1/4 cucharadita de pimienta de cayena
- 1/2 cucharadita de sal kosher
- 1 taza de leche evaporada
- 1 taza de caldo de verduras
- 1 cebolla mediana

Direcciones

1. Extienda la mitad del queso en el fondo de la olla de barro. Cubra con una capa de verduras de hoja verde. A continuación, coloque la mitad del tocino.

2. Agrega los cubitos de pan y luego coloca los champiñones.

3. Agregue el tocino restante y cubra con el queso restante.

4. En una taza medidora o un tazón, combine el resto de ingredientes. Vierta esta mezcla en la olla de barro.

5. Cocine durante 2 horas a fuego alto. ¡Divide entre seis platos para servir y disfruta!

Deliciosas bayas de trigo

(Listo en aproximadamente 10 horas | Porciones 6)

Ingredientes

- 1 ½ tazas de bayas de trigo
- 4 tazas de agua
- 1/2 taza de arándanos secos
- 1/2 vaina de vainilla
- Azúcar moreno para decorar

Direcciones

1. En una olla de barro, coloque las bayas de trigo, el agua, los arándanos secos y la vaina de vainilla.

2. Revuelva para combinar y cocine durante 8 a 10 horas.

3. Revuelva antes de servir, espolvoree con azúcar y disfrute!

Desayuno de cereales multicereales

(Listo en aproximadamente 8 horas | Porciones 6)

Ingredientes

- 1/2 taza de arroz de grano largo
- 1/2 taza de bayas de trigo
- 1 taza de copos de avena
- 1/2 cucharadita de sal kosher
- 4 tazas de agua
- Mantequilla para decorar

Direcciones

1. Ponga arroz, granos de trigo, copos de avena, sal y agua en una olla de barro.

2. Cocine tapado aproximadamente 8 horas.

3. Revuelva antes de servir, agregue mantequilla y ¡disfrútelo!

Cereal con Fruta y Mantequilla de Maní

(Listo en aproximadamente 8 horas | Porciones 6)

Ingredientes

- 1/2 taza de bayas de trigo
- 1 taza de avena al estilo irlandés
- 1/2 taza de arroz basmati
- 1/4 taza de azúcar morena
- 1/4 de cucharadita de canela en polvo
- 4 tazas de agua
- 1 taza de frutos secos a elección
- Mantequilla de maní para decorar

Direcciones

1. Coloque las bayas de trigo, la avena, el arroz basmati, el azúcar, la canela y el agua en su olla de barro; revuelve para combinar.

2. Cocine durante unas 8 horas.

3. Dividir entre seis tazones para servir; decorar con frutos secos y mantequilla de maní y servir.

Quiche de espinacas con queso

(Listo en aproximadamente 3 horas | Porciones 6)

Ingredientes

- Aceite en aerosol antiadherente
- 4 huevos
- 1/2 taza de queso picante, rallado
- 3/4 taza de espinacas tiernas
- 2-3 dientes de ajo, picados
- 1/4 taza de cebolla verde picada
- 1/2 cucharadita de sal marina
- 1/2 cucharadita de pimienta negra
- 1/2 cucharadita de pimienta de cayena
- 1 ½ tazas de leche evaporada
- 2 rebanadas de pan integral, en cubos

Direcciones

1. Engrase ligeramente su olla de barro con aceite en aerosol.

2. En un tazón mediano, combine los huevos, el queso, las espinacas, el ajo, la cebolla, la sal, la pimienta negra, la pimienta de cayena y la leche evaporada. Remueve hasta que todo esté bien incorporado.

3. Coloca los cubos de pan en el fondo de la olla de barro. Vierta la mezcla de huevo y queso sobre los cubos de pan.

4. Cubra con una tapa; cocine durante aproximadamente 3 horas a temperatura alta. Sirva caliente.

Crema de Brócoli y Coliflor

(Listo en aproximadamente 4 horas | Porciones 6)

Ingredientes

- 1 taza de agua
- 2 tazas de caldo de pollo reducido en sodio
- 1 libra de coliflor, partida en floretes
- 1 libra de brócoli, partido en floretes
- 1 cebolla amarilla finamente picada
- 3 dientes de ajo picados
- 1 cucharada colmada de albahaca fresca
- 1 cucharada colmada de perejil fresco
- 1/2 taza de leche reducida en grasa al 2%
- Sal al gusto
- 1/4 cucharadita de pimienta blanca
- 1/4 cucharadita de pimienta negra
- Crutones de elección

Direcciones

1. Coloque agua, caldo, coliflor, brócoli, cebolla, ajo, albahaca y perejil en su olla de barro.

2. Cocine a fuego alto de 3 a 4 horas.

3. Transfiera la sopa al procesador de alimentos; agregue la leche y las especias y mezcle hasta que quede uniforme y suave. Pruebe y ajuste los condimentos; sirva con picatostes.

Sopa familiar de brócoli y espinacas

(Listo en aproximadamente 4 horas | Porciones 6)

Ingredientes

- 2 tazas de agua
- 2 tazas de caldo de verduras reducido en sodio
- 1 libra de brócoli, partido en floretes
- 1 taza de cebollas verdes picadas
- 3 dientes de ajo picados
- 1 cucharada colmada de cilantro fresco
- 1 cucharada colmada de perejil fresco
- 2 tazas de espinaca
- Sal al gusto
- 1/4 cucharadita de pimienta negra

Direcciones

1. Combine el agua, el caldo de verduras, el brócoli, las cebollas verdes, el ajo, el cilantro y el perejil en una olla de barro.

2. Cocine a fuego alto durante 3 horas. Agregue las espinacas y las especias y cocine por 20 minutos más.

3. Vierta la sopa en el procesador de alimentos; procesar hasta que quede suave.

4. Sirva frío oa temperatura ambiente. ¡Decora con una cucharada de crema agria y disfruta!

Deliciosa Crema de Sopa de Espárragos

(Listo en aproximadamente 4 horas | Porciones 6)

Ingredientes

- 2 tazas de caldo de verduras
- 1 taza de agua
- 2 libras de espárragos, reservando las puntas para decorar
- 1 cebolla finamente picada
- 1 cucharadita de ralladura de limón
- 2 dientes de ajo picados
- 1 cucharadita de mejorana seca
- 1 cucharada colmada de perejil fresco
- 1/2 taza de leche entera
- 1/4 cucharadita de pimienta blanca
- Sal al gusto

Direcciones

1. Coloque el caldo, el agua, los espárragos, la cebolla, la ralladura de limón, el ajo, la mejorana y el perejil en una olla de barro.

2. Cocine a fuego alto durante 3 a 4 horas.

3. Mientras tanto, cocine al vapor las puntas de los espárragos hasta que estén tiernas y crujientes.

4. Vierta la sopa en un procesador de alimentos; agregue la leche, la sal y la pimienta blanca y mezcle hasta que quede suave.

5. Adorne con puntas de espárragos al vapor y sirva a temperatura ambiente. También puede poner su sopa en un refrigerador y decorarla fría.

Sopa Cremosa De Patatas De Coliflor

(Listo en aproximadamente 4 horas | Porciones 6)

Ingredientes

- 3 tazas de caldo
- 1 taza de zanahoria picada
- 3 ½ tazas de papas, cortadas en cubitos
- 3 tazas de coliflor picada
- 4 puerros pequeños, solo partes blancas, picados
- 1 taza de leche
- 2 cucharadas de maicena
- 1 cucharadita de albahaca seca
- Sal al gusto
- Pimienta negra al gusto

Direcciones

1. Combine los primeros cinco ingredientes en una olla de barro; Ponga la olla de barro a fuego alto y de 3 a 4 horas.

2. Agregue el resto de los ingredientes y cocine de 2 a 3 minutos más o hasta que espese.

3. Licúa la sopa en un procesador de alimentos o licuadora hasta obtener la consistencia deseada.

4. Ajuste los condimentos y sirva con crema agria.

Crema de nabo

(Listo en aproximadamente 4 horas | Porciones 6)

Ingredientes

- 3 ½ caldo de verduras
- 1 ½ tazas de nabos picados
- 2 zanahorias medianas, picadas
- 1 papa grande, pelada y en cubos
- 1/2 taza de cebollas picadas
- 2 dientes de ajo picados
- 1 cucharada de salsa tamari
- 1/2 taza de leche entera
- 1/4 de cucharadita de pimienta blanca molida
- 1 cucharadita de tomillo seco
- Sal al gusto
- Pimienta negra molida al gusto
- 3/4 taza de queso suizo reducido en grasa, rallado
- Cubitos de pan tostado, como guarnición

Direcciones

1. Vierta el caldo de verduras en una olla de barro. Agregue nabos, zanahorias, papas, cebollas y ajo. Pon la olla de barro a fuego alto; cocine durante aproximadamente 4 horas.

2. Vierta la sopa en un procesador de alimentos y mezcle hasta obtener la consistencia deseada.

3. Regrese a la olla de barro; agregue la salsa tamari, la leche, la pimienta blanca, el tomillo, la sal y la pimienta negra. Cocine 5 minutos más.

4. Cubra con queso suizo. Adorne con cubitos de pan tostado y sirva.

Sopa Fragante De Ajo Con Pan

(Listo en aproximadamente 4 horas | Porciones 4)

Ingredientes

- 8 dientes de ajo picados
- 1 cuarto de caldo de verduras
- 1/2 cucharadita de hojas de orégano secas
- 1/2 cucharadita de semillas de apio
- Sal al gusto
- Pimienta negra al gusto
- 2 cucharadas de aceite de oliva
- 4 rebanadas de pan
- Cebollino picado, como guarnición

Direcciones

1. Combine el ajo, el caldo de verduras, las hojas secas de orégano y las semillas de apio en una olla de barro; tape y cocine a fuego alto durante 4 horas.

2. Sazone con sal y pimienta negro.

3. En una sartén pesada, caliente el aceite de oliva a fuego medio. Freír las rebanadas de pan, de 2 a 3 minutos por cada lado, hasta que estén doradas.

4. Coloque las rebanadas de pan en tazones de sopa; Cucharón de sopa de ajo sobre ellos y espolvorear con cebollino picado. ¡Disfrutar!

Sopa De Aguacate Y Papa

(Listo en aproximadamente 5 horas | Porciones 4)

Ingredientes

- 1 ½ tazas de caldo de pollo
- 3 tazas de papas, peladas y cortadas en cubitos
- 1 taza de granos de elote
- 1 taza de pechuga de pavo ahumado, en cubos
- 1 cucharadita de hojas secas de tomillo
- Jugo de 1 lima fresca
- 1 taza de aguacate, en cubos
- 1 cucharadita de sal marina
- 1/2 pimienta negra molida

Direcciones

1. Combine el caldo de pollo, las papas, los granos de maíz, las pechugas de pavo y el tomillo en una olla de barro.

2. Tape y cocine a fuego alto de 4 a 5 horas.

3. Agregue la lima, el aguacate, la sal y la pimienta negra. Atender.

Sopa De Salchicha De Verduras Y Queso

(Listo en aproximadamente 5 horas | Porciones 6)

Ingredientes
- 1 taza de salchicha ahumada, en rodajas
- 2 tazas de caldo de res bajo en sodio
- 2 ½ tazas de elote tipo crema
- 1 cebolla picada
- 1 ½ tazas de tomates pera, cortados en cubitos
- 1 pimiento rojo dulce, picado
- 2 tazas de leche entera
- 2 cucharadas de maicena
- 3/4 taza de queso suizo
- Sal al gusto
- 1/4 cucharadita de pimienta negra
- 1/4 cucharadita de pimienta de cayena

Direcciones

1. Combine los primeros seis ingredientes en su olla de barro; cubrir con una tapa.

2. Cocine a fuego alto aproximadamente 5 horas.

3. Agregue la leche y la maicena, revolviendo unos 3 minutos.

4. Agrega el queso suizo; sazone con sal, pimienta negra y pimienta de cayena; atender.

www.ingramcontent.com/pod-product-compliance
Lightning Source LLC
Chambersburg PA
CBHW071819080526
44589CB00012B/844